≪シリーズ：ベトナムを知る≫

ヴー・ティ・フン、グエン・ヴァン・ハム ＆ グエン・レ・ニュン 著

ベトナムアーカイブズの成立と展開：

阮朝期・フランス植民地期・そして 1945 年から現在まで

伊澤 亮介 訳

発行　ビスタ　ピー・エス

目 次

はじめに 1

第I章 文書保存に関する国家管理機関の設立と組織 3
  1.1 封建時代の文書保存機関 3
  1.2 フランス植民地期の文書保存業務管理機関 5
  1.3 1945年から現在までのベトナムにおける文書保存業務管理機関 7

第2章 文書保存職員の養成と活用 23
  2.1 封建時代の文書保存職員の養成と活用 23
  2.2 フランス植民地時代の文書保存職員の養成と活用 23
  2.3 1945年以降の文書保存職員の養成と活用 26

第3章 文書保存に関する法規定の公布 47
  3.1 封建時代における文書保存業務についての法規定 47
  3.2 フランス植民地時代における文書保存業務についての法規定 49
  3.3 現代(1945年から現在まで)のベトナム政府によるアーカイブ業務に関する
     法規定 53

第4章 保存資料の収集と管理 69
  4.1 封建時代の保存資料管理 69
  4.2 フランス植民地時代のベトナムにおける保存資料管理 75
  4.3 1945年から現在までの保存資料の収集と管理 79

第5章 保存資料の科学的構築と安全な保管 105
  5.1 保存資料の科学的構築 105
  5.2 保存資料の保管、保護対策 119

第6章 保存資料の利用と有効活用 139
  6.1 保存資料の利用についての考え方と方法 139
  6.2 保存資料の価値の利用における結果と成果 148

第7章 文書保存分野における研究と応用ならびに国際協力 ... 162
  7.1 文書保存分野における学術的研究活動 162
  7.2 文書保存分野における研究結果と科学技術の成果の応用 169
  7.3 文書保存分野における国際協力 172

第8章 ベトナム文書保存のゆくえ 187
  8.1 ベトナム文書保存の発展のゆくえに影響を与える要素 ... 187
  8.2 ベトナム文書保存分野発展への要求とそのゆくえ 190

結論 209

はじめに

　2015年、ベトナムでは、建国70周年（1945年9月2日から2015年9月2日まで）記念のさまざまな活動が行われている。これは、各部門、各分野がこれまでの歴史と成果を総括、評価し、来るべき時代の発展の方向を定める機会となっている。国の諸機関や、その他の組織、企業、共同体の活動と関係をもつ分野の一つとして、ベトナムの文書保存は、かなり早くから形成され発展してきた歴史をもっている。この長い歴史の中で、ベトナムの文書保存は、顕著な成果を挙げ、国の建設、防衛、発展事業に重要な貢献をしてきた。この大きな節目にあたり、ベトナムの文書保存について、振り返り、その成果と限界を評価し、同時に来るべき時代の発展のゆくえを見極め、予想することは、必要なことであり、また大いに意味のあることである。

　経済、社会の発展に伴い、近年、ベトナムと日本の協力関係は大変目覚ましい成果をもたらしている。現在、多くの日本の機関、組織、企業がすでに、そして今でもベトナムにおいてその協力活動を推し進め、また投資してきた。そしてその逆のこともいえる。そのような事情から、協力関係並びにビジネス関係に役立つベトナムに関する情報、その中には保存資料もあるが、それを考察、研究したいという要請は増していく傾向にある。ここ数年、多くの研究者がベトナムの国家アーカイブズセンターを訪れ、資料を収集、研究している。しかし、多くの原因から、ベトナムの文書保存分野についての情報、つまり資料の出どころと、利用者に対して求められる手続きや条件はいまだ広く知られてはいない。従って、保存データと資料の保管先およびその保存資料の調査ならびに利用に関する諸々の事項について紹介することは、日本の研究者にとって、そして広く言えば世界の国々にとって有益であろう。

　このような理由から、ビスタ　ピー・エス（日本の出版社）の協力を得て、我々は本書を編纂した。そのねらいは、ベトナムの文書保存事業の形成と発展の歴史を概括的に再構成し、ベトナムの文書保存事業が成し遂げてきた成

果をまとめ、評価して、今後のベトナムの文書保存の発展のゆくえを占うということである。

　本書を編纂するにあたって、我々は非常に多くの資料を参照したが、その中でも、グエン・ヴァン・タム、ヴオン・ディン・クエン、ダオ・ティ・ジエン、ニエム・キィ・ホン各氏による、2010年出版の『ベトナムアーカイブ史』と党中央委員会事務局文書保存局、国家記録管理・公文書館局の研究論文やレポート、あるいは各大学の教員の研究論文は特に挙げておかなければならないであろう。

　本書は、「はじめに」と「結論」を除くと、本論部分は8章に分かれており、それによって、ベトナムの文書保存の全ての分野を包含する形になっている。

　この場を借りて、我々は誠心から、ビスタ　ピー・エス、特に酒井氏に感謝の言葉を送りたいと思う。氏が企画を出し、環境を整えてくださったことで、本書が編纂され、出版されることとなった。本書はまた、人文社会科学大学（ベトナム国家大学ハノイ校所属）のアーカイブス学事務管理学学部と学習院大学（日本）の人文科学研究科アーカイブズ学専攻の間の、2012年に双方の間で締結した協力に関する文書に基づいた協力関係が具体化した作品でもある。

　本書が、研究者、大学院生、学生、学習者、そしてベトナムの文書保存に関心をもつすべての人にとって有益な参考資料となることを願う。

　本書には、編纂、翻訳過程において諸々の誤りがきっとあることだろう。我々は、読者からの意見をいただき、今後の改善に繋げたいと願っている。

ハノイ、2015年5月10日
筆者一同

第1章　文書保存に関する国家管理機関の設立と組織

　全ての文書、書類、資料の保存を進めるにあたって、国家にとってまず初めに取り組むべき問題は、民間の資料保存活動の実行・管理と国家機関の資料保存作業に責任を持つ専門機関を設置することである。

　各時代のベトナム国家は、この問題を認識していたため、封建時代から今日に至るまで、専門機関を設立して組織し、文書保存業務の直接管理に取り組んだ。

1.1. 封建時代の文書保存機関

　ベトナム史家の研究結果によると、北属期（紀元前179年から938年まで）、つまり漢字がベトナムに入ってきてから、各王朝は、文書を使って国家と社会を管理し始め、重要な文書、書類の保存が求められるようになった[1]。しかし、この時代の古い文献の記述の中に、文書保存業務についての資料となるものは多くない。

　独立を獲得したベトナムの歴代の封建王朝も、引き続き、文書を用いて国家を運営、管理した。古い文献の記述によれば、歴代の王朝は行政文書、公文書、帳簿の保存に取り組み、規定をつくることを始めた。しかし、現存の資料によると、阮朝以前の各王朝においては、依然として、文書保存について責任を負う専門機関は設立されていなかった。ヴォン・ディン・クエン（2002）によると、黎朝（15世紀）の下では、資料の保存は、翰林院、東閣、中書監、秘書監や黄門省のような皇帝を補佐する役所に属する若干の

---

[1] 更に以下の資料を参照のこと。
－ヴォン・ディン・クエン、「封建時代のベトナムにおける、国家管理文書、公文書、書類関連業務について」、2002年、国家政治出版社、ハノイ、42ページ
－グエン・ヴァン・タム、ヴォン・ディン・クエン、ダオ・ティ・ジエン、ニエム・キー・ホン、『ベトナムアーカイブズ史』、2010年、ホーチミン市国家大学出版社、10-11ページ

機関に兼任させたに過ぎない。

　実際に変化が起こったのは、阮朝からである。この時代に、公文書と資料の保存業務に責任をもつ専門機関がつくられた。1829年、明命帝(ミンマンテイ)は、文書房－皇帝の発する詔勅、勅諭を起草し、それぞれの省、衙、鎮城から送られてきた文書を準備し奏上して皇帝の閲覧に供し、代々の皇帝の文書を保管し、印璽(いんじ)を管理する機関－を内閣という名の新しい機関へと改組した。これは、皇帝や各政府機関が発行する資料や書類、文書を起草し、管理し、保存する任務を与えられた機関である。その機能と任務について記した記録によると、文書保存の分野について言えば、阮朝時代の内閣は、文書保存について、政府による管理業務を行う中央の最高機関である（規定や規則を定めたり、調査、監督する）と同時に、当時の政府のもっとも重要な資料や文書の保存センターでもあった[2]。内閣の組織は四つの部署からなっており、それは、曹と呼ばれた。他の業務に加えて、それぞれの曹は、いくつかの種類の文書と資料を保存する業務を与えられた。その中には、曹表簿があり、皇帝や内閣の活動において作成された文書の保管を専門にしていた[3]。内閣の他に、阮朝期には、文書保存の任務をもった第二の機関が中央にあった。それは、国子監である。これは、主に、歴史を記録し編纂するという機能をもった機関であった。そのため、国子監は史料保管の任務も与えられており、その中には、文書や書類、書籍も含まれていた。阮朝の規定によると、その当時の全ての文書は、皇帝に送られる場合、三部（一部の原本と二部の副本）を作成しなければならなかった。当該案件が決着した後に、原本は内閣で保管され、第一の副本は、その案件を実行する責任を負う機関に送られ、一方、第二の副本は、国子監に送られ、資料として保管された。皇帝の代が終わると、そ

---

[2] [3] 更に以下の資料を参照のこと。
ヴー・ティ・フン『阮朝の国家管理文書（1802－1884年）』ハノイ国家大学出版社、2005年、ハノイ国家大学出版社、236－240ページ

の皇帝の治世のすべての資料(原本)は、国子監に送られ、保存された[4]。ヴー・ティ・フン(2005年)によると、上記の二つの特別な機関とは別に、阮朝には、すべての中央と地方機関は、管理下にある資料や文書を集め、保存する責任を負うという規定があった。しかし、現存する歴史資料からは、地方における文書保存機関に関してあまり多くを知ることはできない。

このように史料によると、阮朝が、専門機関を設置して国家の文書保存業務を補佐させた最初の王朝であった。それはまだ皇帝と中央の機関の資料保存に限定された形ではあったが、そのようにいくつかの機関を設立し任務を与えたことは、文書保存業務に対する認識の変化をもたらし、阮朝のみならず後代におけるベトナムの文書保存業務発展の前提となった。

1.2 フランス植民地期の文書保存業務管理機関

1858年から20世紀の初頭までは、フランス植民地帝国がベトナムとインドシナ各国を占領し、植民地統治システムをつくり、植民地開拓を行うことに集中していた時期であり、文書保存業務に取り組む環境はまだ整っていなかった。1909年、植民地政権は南圻(フランス植民地時代のベトナム南部の呼び方、いわゆるコーチシナ:訳者注)文書館設立のための政令を公布し、南圻と中圻(フランス植民地時代のベトナム中部の呼び方、いわゆるアンナンで阮朝の都であるフエはこの地方にあった:訳者注)における資料保存についていくつかの方策を用いたが、文書保存について一般的に責任を負う専門機関がまだなかったため、多くの土地の資料はまだ散逸し失われるままの状態であった。このような状態を解決するため、1916年、インドシナ総督は、フランス人アーキビスト、ポール・ブデ(Paul Boudet)をインドシナに派遣し、インドシナ連邦に属する地域の資料状況と資料保存の状況を調査し研究させた。1917年、ポール・ブデの研究結果と提案に基づき、インド

---

[4] ファン・トゥアン・アン、1995 年、「阮朝の卓越した歴史記述方法」、『阮朝時代の文化、社会的諸問題』、社会科学出版社、ハノイ、106ページ

シナ総督はインドシナ文書保存局・図書館の設立を決定した。これは、インドシナ総督が全インドシナの文書保存業務と図書館を指導、管理、監督するのを助ける機能をもつ機関であった。1918年、インドシナ総督は続けてインドシナ文書館・図書館（ハノイ）とインドシナに属する四つの地域に四つの文書館を設置する政令を公布した。その文書館とは、
　1．在サイゴン南圻総督府文書館
　2．在フエ中圻大使館文書館
　3．在プノンペンカンボジア理事長官府文書館
　4．在ヴィエンチャンラオス理事長官府文書館
である。
　上記の文書館の任務は、文書保存業務の管理、監督において地方の行政機関を補佐し、また同時に、植民地各地方の行政機関の業務で作成された資料を受け入れ、保管する場でもあった[5]。

インドシナにおける文書保存組織略図
（インドシナ総督の1917年，1918年政令に基づく）[6]

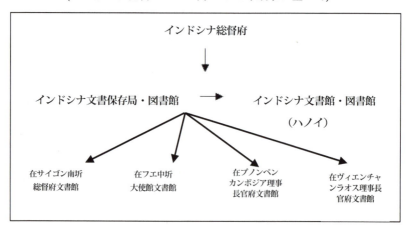

---

[5] [6] 前掲書『ベトナムアーカイブズ史』（2010）、125～129ページ参照。

上記の資料から、フランス植民地時代には、ベトナムだけをみても、またインドシナ全体をみても、植民地政権は文書保存業務に関心を持っていたことが分かる。中央から地方にわたる文書保存管理機関の設立は遅れたものの、それは、一般的にはインドシナ連邦全体、また特にベトナムだけに限っても、植民地政権が文書保存業務を一定程度集中的に管理、監督することに寄与したのである。

1.3. 1945年から現在までのベトナムにおける文書保存業務管理機関

1.3.1. 1945年から1954年まで

1945年に八月革命が成功したのち、ベトナム民主共和国が成立した。解決すべき多くの問題の中で、文書保存業務に責任を負う機関をつくるという問題にも関心が払われた。

上で述べたように、1945年の八月革命以前には、フランスの政権がインドシナ文書保存局・図書館を設立した。1945年8月19日以降、この機関は革命政権によって接収され、改組されて、公文書保存総局・全国図書館という名称で国家教育省の中におかれた。1945年9月8日、臨時政府主席のホーチミンは、国家教育省の提案に従い公文書保存総局の長を選任する布告にサインした。この役所の位置は、「その活動が国の文化の改造に大きく貢献する機関」と定められた[7]。

八月革命直後の公文書保存総局・全国図書館、すなわちベトナム民主共和国の文書保存業務における管理機能をもつ最高機関の設立は、ベトナムの文書保存の発展過程において初めてのことであり、重要な意味をもつものであった。この機関を設立するという決定から、ベトナム政府の文書保存業務に対する特別な関心は、まず第一に文書保存の組織系統を構築することにあったことが分かる。1945年の終わりになり、公文書保存総局・全国図書館は、大学業務監督総局に編入されることになり、名称も公文書保存局・全国図書

---

[7] 国家第3アーカイブズセンター資料、教育省資料群、書類01号、

館に変わった。1946年7月、この機関は、自らの組織と活動を新しい時代の「抗戦建国」の要求に合うように改革する政令案を大学業務監督総局に建議した。しかし、1946年の終わりにフランスに対する抗戦が勃発し、この改革は実現せず、また同時に、実際のところこの機関の活動自体にも限界があったのである。

1946年から1954年の間は、ベトナムの国家と政府の全ての活動が対仏抗戦の遂行に集中された。この時期、ベトナム共産党は支配権をもつ組織であり、政府は直接国家を運営する国の最高機関であった。戦時下にあったため、党と政府の機関は、難を避けて北部山岳地帯に移り、秘密裏に活動しなければならなかった。そのため、情報の流失を防ぐために文書、資料の公布はできる限り制限された。抗仏戦争が新しい段階に入ろうとする、1948年から1949年ころになると、党と政府の機関の活動を立て直すことに特に関心が向けられた。北部山岳地帯で開かれた初めての全国共産党委員会事務局事務員会議（1949年6月）において、記録管理、文書保存業務は事務局の仕事の中でも、党と政府の資料の安全を守る重要な任務であると定められた。この時期、文書保存管理機関の活動は中断されてしまったが、党と政府は、資料の機密保持の制度とその他の多くの業務上の問題について多くの規定をつくり、それは続く時代における、文書保存業務の確立と発展の基礎をつくることに貢献したのである。

1.3.2. 1954年から1975年

1954年に平和が樹立され、党と政府は、文書保存業務と文書保存に関する専門機関の組織系統の構築と強化に引き続き取り組み、それを実現していった。

＊方針と方法：

平和が樹立されてすぐ、党中央委員会の活動でつくられた資料を適宜保存していくため、党中央委員会文書保存館が設立された。その任務は、文書を

保存、整理して、党中央委員会と中央局の研究のニーズに応え、党の資料の機密保持と安全確保に努めることであった。

しかし、文書保存業務を軌道にのせるために、ベトナム共産党は、文書保存に責任を負う機関の組織系統を早急に確立することの必要性を認識していた。1959年9月8日、ベトナム労働党中央事務局は通告第259-TT/TW号を公布し、文書保存業務の基本的な問題について指導した。この通告の内容は、文書保存システムの構築を重視しており、各行政機関、企業、軍隊の各組織ごとで適切に文書保存業務を遂行し、専門員を任命すべきことを規定している。この文書は、各機関、各専門員が文書保存業務の役割と意義についての認識を高めることにおいて多大な貢献をし、個別的には党の機関の、広くはベトナムの文書保存業務に新しい発展をもたらした。

＊文書保存機関の設立

上記の方針を実行するため、文書保存業務の専門的諮問機関が構築された。

－1959年、ベトナム共産党中央事務局所属文書保存室が設置された。その業務は中央政治局が各委員会の事務局や党の各機関の委員会に対し、公文書・文書保存業務を指導するのを助け、党中央委員会文書館を直接管理し、中央事務局の文書保存業務に責任を負うことである。

－また、同じ年に、ベトナム首相府官邸文書保存室が設置され、政府と首相が国家機関における文書保存業務を指導するのを助け、首相府機関の文書保存業務に責任を負うこととされた。

ベトナムには、その政治機構を構築する際の特殊性により、この時期から現在に至るまで、常に二つの組織系統が存在している。つまりそれは、党機関の系統と、政府機関の系統である。従って、ベトナムにおいては文書保存機関もまたこの二つの系統に従って組織されるのである。

－1962年、政府評議会は1962年9月4日付け政令第102-CP号を公布し、首相府直属の文書保存局を設立した。これは、政府評議会が（以前の首相府官邸文書保存室の代わりに）全国的に文書保存業務を管理するのを助ける任

務をもった機関である。保存局設立の政令において、首相府直属の文書保存局は以下のような任務を与えられた。

1）政府による全国的な文書保存業務の集中的、統一的管理を補助する。
2）政府評議会に文書保存業務についての制度、規定を公布するよう具申する。
3）政府の各機関と各レベルの民間団体における文書保存業務についての制度、規定の実行を指導し、促す。
4）中央文書館を直接管理する。つまり、各時代ごとに資料を集め、収蔵し、整理して研究のニーズに応える。

首相府文書保存局は文書保存業務を全国的に管理する機関であるが、この機関の設立は、ベトナムの文書保存分野の組織系統の構築における重要なメルクマールであった。これは文書保存業務にとって大変大きな意義をもつ重大な出来事であった。なぜなら、ここから、ベトナムは政府による全国規模の文書保存業務の統一的管理を補助する主導的な専門機関をもつこととなり、ベトナムの文書保存分野が、組織系統と専門員をもち、法律文書と科学的理論の裏付けを伴って、その業務が日々完成されていく環境がつくりだされたからである[8]。

首相府文書保存局が設立されてからのち、首相府は多くの文書を公布し、各省庁が文書保存の組織系統を構築するように規定、指導した。統計データによると、5年の間（1962年～1967年）に中央から地方にいたるまでのほとんどの機関は文書保存室、文書館を設立し、各官庁、各地方が文書保存業務の指導をするのを助けた[9]。

＊ベトナム南部における文書保存機関の設立

ベトナムの歴史において、1954年から1975年は特別な時期である。こ

---

[8] 前掲書『ベトナムアーカイブズ史』、2010年、189ページ。
[9] 党中央事務局文書保存局「成果を活かし、困難を克服し、ベトナムの文書保存分野の樹立を決然と推し進める」『雑誌 文書保存業務研究』1967年第2号1～5ページ。

第1章　文書保存に関する国家管理機関の設立と組織

の時期、ベトナムは二つの地方に分けられ、中でも、南部はベトナム共和国に支配され、アメリカの援助を受けていた。しかし、国家統一の目標を達するため、南ベトナム共和国臨時革命政府が樹立され、人民を指導し、再び独立を勝ち取る戦いを遂行した。南部においてはまだ文書保存の専門機関を設立できる状況ではなかったが、臨時革命政府は、中央直轄市や省都、県都の攻略を行なう際に書類、資料を保護するという方針をたて、それを指示した。また敵が保存文書を持ち去ったり廃棄するのを阻止しようとした。それに加え、党とベトナム政府は一定量の資料を中部と南部から移し、北部で保管するよう適宜に指示を出し、実行した[10]。

　一方、政権を維持して南部を支配するため、また同時に政権の活動を記録した資料を管理する必要があったため、ベトナム共和国政府は文書保存業務の遂行と管理のためのいくつかの対策を講じた。

　北緯17度線以南の領土を支配したのち、サイゴン政権はそれを中部と南部の二つの地域に分けた。南部では、以前からの南圻総督に属する文書保存機関・図書館が南部文書保存局・図書館と名を改められた。しかし、現存の資料によると、実際にはこの機関の活動はあまり効果を上げることができず、その業務と資料保管の方法は著しく遅れていた。

　1959年に情勢が安定したのち、サイゴン政権は文書保存の組織系統をつくることに取り組んだ。中でも、まず重要となる問題は南部全域を対象とする文書保存業務を管理する機関の設立であった。この方針を実現するため、1959年4月13日、ベトナム共和国大統領は国家教育省に直属する国家文書館総局・図書館の設立に関する布告第86-GD号を公布した。この総局は、各

[10] 南部地方委員会（1930-1950）、南部中央局（1951-1954）、中部、南部の各地域委員会などといった南部における党の機関の資料が北部へ送られ、党中央委員会事務局付文書館において集中的に保管した。中南部と南部の抗戦行政委員会のような南部の行政機関やバックリエウ、カントー、ロンチャウハー、ロンチャウサー、ミートー、ザックザーなどの各省の資料は、内務省やその他のいくつかの省、役所に移管されて管理された。

省、各総局から送付された書類・資料を受けとり保存すること、全国の文書保存局、文書保存室の設置と運営を指導し援助すること、国立図書館と全国の公立図書館を承認、指導、管理すること、公務員を教育して図書館の業務あるいは書類・資料保存の任に堪えうる専門員を養成することなどを、その機能としていた。

　1959年8月20日、国家教育省は国家文書館総局・図書館の任務と組織を規定した政令第1118-GD/NĐ号を公布した。具体的には以下の通りである。各政府機関によって保存にまわされ、10年以上経過した書類・資料を収集、保存し、整理すること。歴史的価値のある資料を収集、整理、修復すること。保存資料を政府機関や学者に提供すること。必要ないと判断された公文書や資料を廃棄すること。専門員を訓練し、文書保存の専門分野についての実習クラスを開講し、各機関が派遣する公務員を受け入れて実習を施すこと、などである。

　総局の組織の中には、公文書保存局・図書館がある。この局は、サイゴンの各行政機関や南部、チュングエン地方、中部高原地方の各省が保存にまわした古い書類・資料を収集すること、書類を分類、整理し調査カードをつくること、保存資料を必要とする公的機関あるいは個人に対応してコピーを提供すること、保存庫において除虫、除湿を行うこと、公文書保存について各行政機関を指導すること、規定に則り古い書類・資料の廃棄を行うこと、各保存庫のための特別な道具や物品を調達すること、などをその任務とした。

　1963年7月19日、ベトナム共和国政権の教育省大臣は、続けて国家文書館総局・図書館直属のダラット文書館支局の設立に関する政令第1057-GD/PC/NĐ号を公布した。ダラット支局は、中部の高原と平野部の行政機関が保存にまわした古い書類・資料を収集、整理、維持すること、旧バオダイ元首（ベトナム国）の官房と旧　皇朝疆土（訳注：1950年4月15日から
　　　　　　　　　　　　　　　　　きゅうこうちょうきょうど
1955年3月11日まで存在した行政区域の名。フランス領時代の少数民族自治区がバオダイを元首とするベトナム国に引き継がれた際、バオダイはこの

地方に特別な行政制度を敷き、この地方において皇帝を名乗った）の資料を収集、整理、維持すること、旧フエ朝廷の行政文書目録を整理、翻訳すること、木版資料を維持、整理すること、保存書類を分類してカードを作成すること、要求のあった公的機関と個人にコピーを提供すること、資料を保管することなどをその任務とした。

1971年9月8日、ベトナム共和国政権の文化専任大臣室は、国家文書館総局・図書館に直属するフエ文書館支局の設立に関する政令第322-QVK/VH/NĐを公布した。フエ支局は、中部平野地帯における行政と専門機関から送付された書類・資料を収集、整理、保存すること、保存書類・資料を分類しその統計をとること、公的機関あるいは個人の資料閲覧に便宜を図り、要求のあった資料の全部あるいは一部抜粋のコピーを提供すること、保存資料を保管することなどを任務とした。

1973年1月28日、ベトナム共和国首相は、国家文書館総局・図書館を国家文書館総局と名を改め、この総局の組織と機能を新しい情勢に合うように規定する布告第18-SL/QVK/VH号を公布した。この布告によると、図書館機能は国家図書館に移し、国家文書館総局は以下のような文書保存に関する業務の遂行に集中することとなった。それは、全国の文書保存機関の組織、指導、管理と各省、総局、部や所属機関から保存にまわされた書類・資料の収受、保存、そして全国の文書保存部、保存室に対する専門的な援助、公的機関に対する文書保存の専門分野についての教育と実習の実行などである。

その他、サイゴン政権は中央の各省、総局、局と地方の行政機関に公文書保存室を設置した。

このように、1954年から1975年の時期、ベトナム南部においては、ベトナム共和国政権が比較的充実した文書保存機関の組織系統を徐々に構築していった（下図を参照）。

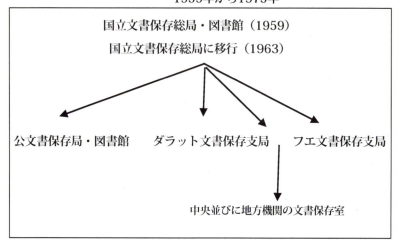

図：ベトナム共和国政権の文書保存機関の組織系統
1959年から1975年

1.3.2 1975年から1986年まで

　1975年、ベトナムは戦争を終結させ国土を統一した。戦後の国家建設業務と発展計画において、緊急に必要とされたものの中に、広く言えば文書保存業務全般の、特には文書保存機関の組織系統の強化と改善があった。

　文書保存業務を発展させるため、党と政府によって引き続き取り組まれた第一の問題は、新しい情勢に適合するように文書保存分野の組織系統を構築し、改善することであった。その系統は、以下のようなものを備えていなければならなかった。i) 文書保存業務を管理する機関、ii) 文書館のネットワーク、iii) 中央から地方までの文書保存専門員教育養成機関、である。

　しかし、統一された後も、南北二つの地方における文書保存には未だ多くの相違点が残っていた。以前のベトナム共和国の文書保存システムは、全国的な共通のシステムに適合するように再構築される必要があった。南部における党機関の文書保存組織系統は、ほとんど一から再構築しなければならなかった。一方、北部の党と政府の文書保存機関の組織系統もまた更に強化す

る必要があった。

　これを実践する段階で、党とベトナム政府は、初めの5年間に「南部における文書保存業務を集中的に指導する」ための多くの対策を打った。具体的には以下の通りである。

　・第一に、国家機構がまだ改善と統一の過程にある段階においては、党南部支部（当時は南部中央局）と南ベトナム共和国臨時革命政府の資料および以前のサイゴン政権所属の機関の資料を統一する作業を監督するため、いくつかの文書保存の部門と組織を早急に設立する必要があった。この方針のもと、決定第09-QĐ.75号に則って、南部中央局に文書保存課が置かれ、中央局が南部における党の機関と民間団体の文書保存業務を管理、指導するのを助けることとなった。南ベトナム共和国臨時革命政府もまた文書保存局を設立した。それは、南部全域において政府が各機関、支局、委員会の保存文書を集中・統一する作業を監督するのを支援し、南ベトナム共和国臨時革命政府が文書保存業務についての制度や原則を公布するために研究し、文書保存員の教育、養成を行い、資料保管のために文書保存館を建設するためであった。

　・第二に、資料を管理し破損と紛失を防ぐために、文書保存館を早急に設立しなければならなかった。この方針を実行するために、1976年11月29日、首相府主任大臣は、第2中央文書館の設立に関する決定第252-BT号を出した。この文書館は、以下のような機能を担っていた。それは、封建時代、フランス植民地時代とアメリカ傀儡政権時代の旧政権に属していたベトナム南部の中央機関の保存資料を探索、収集、保管、研究することである。各省、各都市に文書保存館が設けられた。それは、党や政権が地方における公文書と文書保存業務を監督、指導し、残存する旧政権の資料と、南部が完全に解放される前後の党と地方政権の活動の過程で作られた資料を直接管理することを目的とした。

　南部における文書保存の状態が安定したのち、党と政府は続いて中央の文

書保存機関のシステムの強化と改善にとりかかった。
　＊ベトナム共産党の文書保存機関の組織系統の変化：
　－1981年、党中央委員会事務局文書保存室（1959年設立）は格上げされて文書保存部となり、党中央執行委員会の現用資料と機密資料の保存館を管理し、党中央委員会事務局が党の機関やホーチミン共産主義青年団に対して記録管理・文書保存業務を指導するのを補助する任務を担った。
　－1982年、マルクス・レーニン学院所属文書保存局が設立され、党の歴史的資料の探索、収集、鑑定を行ない、党中央委員会の歴史的文書保存館を直接管理することをその任務とした。
　－中央の党委員会と地方の党機関に文書保存室あるいは課が置かれた。
　＊ベトナム政府の各文書保存機関の組織系統における変化：
　－1982年、国家保存文書保護法令を公布したのち、大臣会議（政府）は1984年3月1日政令第34-HĐBT号を公布し、中央から地方にわたる政府の文書保存機関の組織系統を統一すると規定した。この政令に従い、ベトナム政府の文書保存機関の組織系統は、以下のように統一的に組織された。
　＋中央における政府の文書保存機関である大臣会議所属国家文書保存局は、文書保存業務を集中的、統一的に管理し、全国的な意義を有する保存資料を直接管理する。
　＋省、政府の委員会と大臣会議に属する機関に文書保存室を設置し、その部署における文書保存業務と保存資料の管理をその任務とする。
　＋各レベルの人民委員会に事務局付きの文書保存室あるいは課を置き、地方における人民委員会の文書保存業務と保存資料の管理を補助する。
　－以上の文書保存の組織系統は全国で統一的に実現された。そのため、以前の南部の文書保存機関もまた新しい規定に沿って変革された。
　このように、1985年までは、法律面において、党とベトナム政府の各機関の文書保存組織系統は比較的充実していた。この成果は、ベトナムにおける文書保存分野と文書保存業務の発展を物語る目に見える証拠であった。

1.3.2 1986年から2014年まで

　20世紀の80年代、国土が統一されたとはいえ、長年の戦争の後遺症により、ベトナムは深刻な混乱の時を過ごさねばならなかった。戦後まだ回復していなかった経済は、多くの面で困難をもたらした。この状態を克服するため、ベトナム共産党第6回全国代表大会（1986年12月）は、全ての領域において国を革新（ドイモイ）しなければならないという重要な決定を出した。まさにこのために、1986年から現在に至る期間、ベトナムにおける文書保存業務は大きく変化したが、その中には文書保存機関の組織系統の変化もあった。

＊ベトナム共産党の文書保存機関の組織系統の変化：

　上で述べたように、1986年以前、党の文書保存機関のシステムは比較的安定していた。それにもかかわらず、しばらくその中で活動してみた結果、その組織系統は不都合を示し初め、変更が必要になった。実際、1987年の初めまでは、中央のレベルで二つの組織が存在し、ともに党中央委員会の保存文書を管理し、いずれも党の文書保存業務の指導に参加していた。ある程度具体的な規定があったものの、活動の過程においてこの二つの機関が重複してしまうことは避けられなかった。そのため、まず問題となったのは、中央における二つの党文書保存機関を統一し、その基礎の上に各地方における党文書保存機関のシステムを強化するということであった。その上、その特性上、党機関が活動する中でつくられた保存資料群を政府のそれと区別する必要があった。

　このような問題を解決するため、1987年9月23日ベトナム共産党中央委員会政治局は以下の二つの重要な決定を出した。

1) ベトナム共産党の文書保存機構の構築について、中央から地方まで党の文書保存組織系統を規定する政令第20-QĐ/TW号。その組織系統には、政治局に直属する党中央委員会文書保存局、委員会事務局の中に置かれる省党委員会と県党委員会文書保存館および青年団中央文書保存館が含まれる。

2）中央委員会事務局文書保存部（1981年設立）とマルクスレーニン学院所属文書保存局を合併し、党中央委員会文書保存局を設立することに関する決定第21-QĐ/TW号。この局の設立は、党中央委員会政治局がベトナム共産党の文書保存機構の集中的、統一的な管理を助けるという機能を実行するためのものであった。

　1991年、合理化の方向に党の組織機構を革新する方針を実行するため、党中央委員会政治局は、文書保存局を党中央委員会政治局の直属に移し、中央委員会事務局文書保存局とする1991年9月21日の決定第06-QĐ/TW号を公布した。文書保存局の機能は、政治局の1987年9月23日付け決定第20-QĐ/TW号に従い、政治局がベトナム共産党の文書保存機構に対する管理を助け、党中央委員会の文書館を管理し、党とホーチミン青年団の記録管理・文書保存業務を指導することであった。

　地方においても、党の文書保存組織は絶え間なく強化されてきた。政治局の1987年9月23日付け決定第20-QĐ/TW号を実行することによって、党の文書保存組織の構築はかなり前進した。中央、そして各省と直轄市のレベルにおいて、基本的な党の文書館網が形成された。毎年の統計によると、1992年の文書館をもつ党省委員会と党直轄市委員会の数は14、1995年は33、1997年は44、そして2001年になると総数61のうち55という数になった。1995年の文書館を設立していた党県委員会と党区委員会の数は81（このうち2省で文書館をもつ党県委員会の数が100％に達していた）、1997年には160（このうち18省で文書館をもつ党県委員会の数が100％に達していた）、そして2001年には、総数658のうち545という数になった（このうち、総数64のうち37省で文書館をもつ党県委員会の数が100％に達していた）[11]。しかしながら、文書館の設立は依然として遅れており、2002年になっても6省および225県・区・市で未だに委員会の文書保存庫

---

[11] 党中央委員会事務局『全国党省委員会、県委員会事務局長会議紀要、2001年9月』ハノイ、2002年、158ページ。

が設置されていない[12]。

それからしばらく文書館設立がなされたのち、2012年には、三つのレベルにおける党の文書保存機関のシステムは改善した。その三つとは、中央、省、県のレベルであり、それぞれが党中央委員会事務局文書保存局、63の省文書保存館と667の県文書館を持つまでになった[13]。

＊ベトナム政府の各文書保存機関の組織系統における変化：

－1982年の国家保存文書保護法によって規定された政府の各文書保存機関の組織系統は、その後も絶え間なく強化されてきた。政府文書保存局は、1984年から1992年まで大臣会議に属する機関であった。政府の組織機構を合理化する方針の実現に伴い、政府文書保存局は、1992年に政府人事委員会に移管された。

－1997年、文書保存業務の強化に関する政府首相の指示第726-TTg号が出されたのち、政府人事委員会は、通知第40/1998/TT-TCCP号を公布して、各省庁と地方の文書保管機関の組織系統の充実を図った。具体的には以下の通りである。

＋ベトナム政府に属する各省と省に相当する機関およびその他諸機関は、各省の事務局内に文書館を設立する。その機能は、事務局長と省の責任者が省と省に直属する各機関や行政単位の範囲内で、文書保存業務と保存資料について政府による管理を補助することである。文書館には、最少でも高等学校以上の学歴を有する二人の文書保存人員を配置する。

＋ベトナムの各省と中央直轄市においては、アーカイブズセンターを設置する。その機能は、事務局長と省人民委員会長が行う省の範囲内においての文書保存業務と保存資料に対する国家管理を補助することである。アーカイブズセンターには、最少でも五人の高等学校以上の学歴を有する記録管理・

---

[12] 党中央委員会事務局『全国党省委員会、県委員会事務局長会議紀要、2001年9月』ハノイ、2002年、53ページ。
[13] 党中央委員会事務局文書保存局「25年間の構築と成長」『委員会事務局』2012年9月第60号、7ページ。

文書保存人員を配置する。2000年の段階でみると、総数61のうち56の省と直轄市がアーカイブズセンターを設置していた。多くの県、市が一人か二人の人員を文書保存員として配置していた。その他の県、市、社、村、町は、全て人民委員会事務局の職員が文書保存業務を兼務していた。

　ー2001年、国家文書保存法が公布されてから、ベトナムの文書保存の組織系統に再び新しい変化があった。2003年9月1日のベトナム政府首相の決定第177/2003/QĐ-TTg号は、国家記録管理・文書保存局は内務省の機関であり、法律に従って、記録管理・文書保存業務の国家管理とベトナム国家文書保存機構に属する国家保存文書の管理についての機能と任務および権限を実行する機関である、と定めた。局の組織の中には局長が行う記録管理・文書保存業務の行政管理を補佐する各組織や局に属する専門機関、そして記録管理・文書保存専門員を教育する機能を実行するその他の専門機関がある。

　ベトナムの中央と各レベルの人民委員会の機関において、内務省の2005年2月1日付け通知第21/2005/TT-BNV号は、全国の記録管理・文書保存業務を行なう各機関、行政単位の機能、任務、権限について統一的に規定、指導した。それによると、各省、省相当機関と政府に属する機関（まとめて省と呼ぶことにする）は省事務局に属する記録管理・文書保存室を置き、その機能として、事務局長を補佐して、大臣の省の記録管理・文書保存業務の遂行に対し助言を行うこととした。地方の省においては、各レベルの人民委員会事務局に所属する記録管理・文書保存室、あるいは県、社の人民委員会事務局に所属する記録管理・文書保存課を設置し、その機能として、事務局長を補佐し、人民委員会の長が行う地方における記録管理・文書保存業務の監督と指導に対し助言を行うこととした。省レベルでは省文書保存館を置き、また県レベルでは県文書館を置いて、歴史的文書の保存、保存文書の収集、整理、価値の確定、保管と活用のためのサービスという業務を遂行することをその機能とした。2005年の初めの段階では、総数64のうち61の省と中央直轄市が省文書保存館を設置していた。

現在（2012年）に至って、ベトナムの政府文書保存機関のシステムは祖国、社会主義ベトナムの建設と防衛という日増しに高まる要求に十分応えうるほどに、構築、完成されたのである。

第2章　文書保存職員の養成と活用

2.1. 封建時代の文書保存職員の養成と活用

　1945年以前、いくつかの封建王朝、中でも阮朝は文書保存業務に関心をもち、多くの施策を行った。准教授ヴォン・ディン・クエン（2010）によると、阮朝が皇帝の公文書と書類の保存を専門的に担当するいくつかの機関を設立した際、当然ながらその任務を実行する官吏を配置しなければならなかった[1]。『大南寔録』の記述によると、明命帝の時代、皇帝は「檔案を保存する」「帳簿を保存する」（つまり、省から府、県、社にいたるまでの地方における各レベルの政権のもとで作成された公文書や書類を保存、管理すること）任にあたる人員の数を規定している[2]。研究者は、数少ない残存資料から、封建時代、とりわけ阮朝では、公文書・資料の保存と管理にあたる官吏を配置しはしたが、文書保存を専門にする職員の教育はなされていなかったと考えている（あるいは、より正確に言うと、この問題に関する資料はまだ発見されていない）。

2.2. フランス植民地時代の文書保存職員の養成と活用

　第一章で述べたように、侵略と植民地開拓の進行に伴い、フランス植民地主義帝国は、インドシナとベトナムを含む植民地において徐々に文書保存に関する専門機関を組織していった。各機関が活動し任務を遂行できるように、植民地政権は文書保存にあたる人員の教育と配置について若干の措置をとったが、具体的には以下の通りである。

　－1917年以前は、侵略と平定に集中するため、支配した場所において、植民地政権は若干の現地の職員を臨時的に配置し、文書館の資料の管理と整

---

[1]　『ベトナムアーカイブズ史』、2010年、前掲書、82 - 85ページ。
[2]　『ベトナムアーカイブズ史』、2010年、前掲書、83ページ。

理をさせた。この職員は書記‐文書保存員と呼ばれた[3]。

　—1917年からは、植民地の支配と開拓の要求に応えるため、植民地政府は、文書保存分野について教育を受け専門知識をもつフランス人職員を採用し、ベトナムに派遣した。1917年6月、フランス領インドシナ総督は、フランス人のアーキビストであるポール・ブデをベトナムに招き、インドシナにおけるフランス植民地の資料保存の現状についての調査を実施した。ポール・ブデの調査報告と提案をうけとった後、インドシナ総督は、インドシナに資料保存についての専門機関と図書館を設置する政令（1917年11月29日）と、五つの植民地に五つの文書館を置くという政令（1918年12月28日）を公布した。それに続いて、1918年から1923年の間に、植民地政権はベトナムとインドシナの各植民地において、文書保存と図書館についての教育を受けたフランス人職員を増員し続けた[4]。この職員の任務は、文書保存機関と文書館に責任を負うと同時に、文書保存事業について現地の職員を指導することであった。

　—しかし、多くの原因によって、ベトナムやインドシナへ派遣されて文書保存の仕事にあたるフランス人職員の数は多くなかった。そのため、文書保存業務を円滑に進めるために、植民地政権は現地職員を活用し、業務について彼らを教育しなければならなかった。1917年11月20日にインドシナ総督によって公布された政令の第11条によると、省の公使館と公的行政機関において文書保存について責任を負う職員（書記）は、全てハノイ中央文書館において3か月から6か月という一定の時間の専門的な実習を受けなければならないとされた。これらの職員が仕事に専念できるように、インドシナ文書保存局・図書館は政権に対し、「現地人に対する書記‐文書保存員の採用枠を設ける」ことを提案した。1930年になって、インドシナ総督は、文

---

[3] 南圻総督の1875年2月17日決定第70号には書記-文書保存員の業務について明確な規定があった（『ベトナムアーカイブズ史』、2010年、前掲書、119ページより抜粋）。
[4] 『ベトナムアーカイブズ史』、2010年、前掲書、131ページ。

書保存の人事の問題に関して二つの政令を続けて公布した[5]。この二つの政令は、人事組織と文書保存・図書館分野に入るための条件、そして選抜試験の内容について規定していた。また同時に、インドシナ文書保存局・図書館が現地人向けの書記‐文書保存員育成科を組織できる、とした。育成期間は、毎年4月1日から9月30日までの6か月と定められた。学科を終えたのち、生徒は理論と実践のテストを受けなければならなかったが、そこでもし要求される水準に達すれば、インドシナ文書保存局・図書館から証明書を受けることができた。これは、彼らが文書保存機関で採用され、職を得る必要条件であった。彼らに講義し、実践指導する任にあたった教員は、フランス人のアーキビストだった。職員の教育と文書保存業務の実践の助けとなるように、1931年、ポール・ブデは『文書保存員必携』を編纂、出版させた。このハンドブックには、全インドシナにおいて、統一的な規定に従い資料を構築、整理する方法について述べている。

　フランス植民地時代、文書保存職員の採用と教育の問題は、植民地政権によって取り組まれ、若干の具体的な措置もなされたということができる。しかし、ダオ・ティ・ジエン博士の認識では、フランスはヨーロッパにおける先進的な文書保存システムをもつ国ではあったが、ベトナムを含むインドシナ植民地の各国に対して、フランス植民地主義帝国が投資したことは、ただ初級程度の教育（技術的な教育）プログラムを現地人に与え、彼らが単純で必要なアーカイブズの業務に関しては直接行えるようにしたというだけであった。このため、1945年の八月革命前に至っても、ベトナムは依然として文書保存に関してハイレベルな人材がいなかった[6]。そのような人材が現れるのは、その後の時期においてであった。

---

[5] 『ベトナムのアーカイブの歴史』、2010年、前掲書、143ページを参照のこと

[6] この時期、ベトナムには、フランスの古文書学院において教育を受け、それを卒業したゴ・ディン・ニューという人物ただ一人がいただけであった。彼は卒業後、1938年に選ばれて帰国し、インドシナ文書保存局・図書館に勤務した。その後、中部の文書保存および図書館の顧問兼キュレーターとなった。

2.3. 1945年以降の文書保存職員の養成と活用

　1945年8月、ベトナムは植民地制度から脱し、一個の独立国となった。国を管理し運営するため、成立後まもなくの時期からすぐに、ベトナム政府は文書保存事業に取り組んだ。1946年1月3日、ベトナム民主共和国臨時政府主席（ホーチミン）は、各機関に対し、保存された公文書、資料、書類の維持を求めると同時に、廃棄を禁じる通達第1-C/VP号を公布した。この通達において、ホーチミン主席は、古い公文書と書類は「国家建設にとって特別な価値をもつ」資料である、と定めている。それから現在に至るまで、文書保存事業は常にベトナム政府が取り組み、重視してきたのである。1982年の国家保存文書保護法やその後それに代わって出された2001年の国家文書保護法、そして法律より下位の政令、通知、決定などの多くの文書にみられるように、文書保存事業に関する多くの重要な法令文書が政府によって公布された。2011年、文書保存法が国会を通過し、2012年7月より効力をもった。

　このような法的規制を遵守しながら文書保存事業を組織、管理、実行するためには、政府の諸機関と社会的組織、そして企業においても文書保存の専門的人材が必要となる。そして、文書保存専門職員を欲するのであれば、研究、教育活動を行っていく必要がある。しかし、独立を勝ち取ったすぐあとに、ベトナムはまたしても丸9年もの間（1946年から1954年まで）抗仏戦争を遂行しなければならなかった。この戦争という条件下において、この時期には、文書保存職員の養成という問題は進展しなかった。抗仏戦争に勝利を収めた後、北部に平和が樹立されると、党とベトナム政府は、すぐに文書保存事業を行う専門員と一般職員の教育、養成に取り組むようになった。文書保存業務は、アーカイブズ学の理論的基礎と方法に依拠した実施が必要な専門的でテクニカルな作業である。そのため、中央から地方に至る各機関、組織において、文書保存の仕事に配置された者は全て専門的業務について、彼らが任命された地位に合った教育、育成を受ける必要がある。この考えを

第2章 文書保存職員の養成と活用

実行に移すため、1954年から現在に至るまで、党とベトナム政府は、文書保存職員養成の多くの施策、対策を行ってきた。それは、スタッフを海外での研究、実習に派遣する、学生を外国の大学へ留学させアーカイブズ学を学ばせる、先進的な文書保存を行っている国から講師を招き、文書保存業務を行っている上級職員、一般職員に対する講義、指導に当たらせる、中央あるいは地方機関において文書保存業務の仕事に現在あてられている、あるいは将来あてられる者に対して短期で、必要な内容の研修、実習クラスを開く、そして特筆すべきは、文書保存分野についての正規の教育科を中学から高校、大学そして大学院にも設ける、といったことである。

以上のような方針と具体的な施策により、これまでベトナムは留学、あるいは自ら教育、訓練することで、文書保存事業に対し比較的よく要求に応えうる人材を養成してきた。以下は1954年からのベトナムにおける文書保存の人材育成と活用に関する認識の変遷と対策、そして成果である。

1/文書保存業務研究と調査及び大学で学ぶための職員の海外派遣

独立を勝ち取った（1945年）後、ベトナム民主共和国政府が樹立され発足した。政府機構の活動に関係する分野で、当時官邸には、記録管理・文書保存業務、事務管理について、業務の専門的知見を有する職員が著しく不足していた。ホーチミン主席の方針に従って、ベトナム政府は、愛国心をもち革命政権を支持する旧政権の役人、官僚を招き、文書保存業務を補佐させるため、行政、管理業務に参加させた。しかし、これらの作業が進展しているその時にフランス植民地主義帝国が戻ってきて、ベトナムを侵略したのである。抗仏戦争の時期を通じて、各政府機関は戦区地域に移動し、秘密裏に悪条件下で活動しなければならなかった。そのため、文書保存業務にあたる専門職員の教育、養成はほとんど進展しなかった。

平和が樹立されてから、経済・社会の復興と発展の事業が極めて早急に計画されたが、その中で、各機関、組織の活動に資する文書保存事業もまた注目された。まず、政府は党中央委員会事務局と政府官邸の現場で働いていた

4人の専門職員を含む一団を、文書保存業務について見学、研究、調査、学習、実習するため、3か月の間（1958年6，7，8月）中華人民共和国へ派遣することを許可した。この4人の専門職員は、その後それぞれ首相府文書保存局、党中央委員会事務局文書保存室の長、記録管理・文書保存中学校校長となった。また同時に、文書保存業務に長く奉仕できるハイレベルな人材を用意するため、党と政府は、党中央委員会事務局と首相官邸に何人かの専門職員と高校を卒業した生徒を選ばせ、モスクワの歴史・アーカイブズ国立大学（旧ソ連）に留学させた。1960年から1961年の学期に、第一科には6人、第二科には12人を送った。しかし、当時の複雑な国際政治状況のため、特にアーカイブズ学についても、社会科学一般についても、人を送って外国で学ばせることは、数のうえで厳しい制限があった。しかしながら、前世紀の60年代にモスクワの歴史・アーカイブズ国立大学を卒業した学生が実際に、ベトナムにおける文書保存分野の最初の中心的人材となったのである。それに続く時期には、国際関係がかなり安定してきたため、ベトナムは更に、多くの優秀な大学生と大学院生を選んで、旧ソ連、ブルガリア、ドイツ民主共和国（旧東ドイツ）などの大学や大学院に送って学ばせた。20世紀の70年代初頭から80年代にかけて、国が戦争状態にあるという環境下において、外国の高度な文書保存施設で教育を受けさせるという方針を堅持

写真：文書保存と歴史の専門分野を学ぶため、1962～1965年に初めてモスクワの歴史・アーカイブズ国立大学に派遣された学生たち（国家記録管理・文書保存局所蔵）

第 2 章 文書保存職員の養成と活用

したことは、その数は少なかった（毎年4～5人くらい）とはいえ、文書保存事業に対する党とベトナム政府の視野の広さと関心の高さを物語っている。

2/外国の文書保存専門家のベトナムへの招へいについて

1958年から60年代の初めまで、専門職員を外国へ派遣して見学し実習させることとともに、党中央委員会事務局と首相府官邸は、旧ソ連の専門家を招き記録管理・文書保存において、ベトナムに助力してもらった。ベトナムで仕事をしている間、専門家たちは公文書や文書保存についてのいくつかの制度や規定を起草したり、いくつかの中央省庁において旧ソ連の文書保存の理論と実践の問題の報告を行ったり、記録管理・文書保存職員に対して短期の業務訓練クラスを開くなどした。彼ら専門家たちの文書保存の役割と意義についての、文書保存業務の管理の性質、内容、原則についての、そして旧ソ連のソビエト政権建設の初期段階におけるウラジーミル・イリイチ・レーニンの文書保存事業に対する関心についての講義は、ベトナムの文書保存業務にあたる者にとって実に貴重な教材であった。

写真：ベトナムの文書保存職員に業務を指導する旧ソ連の専門家たち
（国家記録管理・文書保存局所蔵）

3/短期業務研修クラスの開講

　職員を海外の大学に留学させるのと並行して、党とベトナム政府はまた、機関、組織の現場で実際に文書保存業務を行っている職員に対し短期の研修を行った。まだ正規の長期教育を実施できる状況になかったときに、この方法は多くの文書保存職員に、その専門分野と業務についての基礎的な見識を身につけさせなければならないという要求に早急に応えるための現実的な対応策であった。

　抗仏戦争の時期において、記録管理・文書保存業務の実習クラスを開くという方針は、ベトバック戦区において実現された[7]。北部に平和が戻った（1954年）後、とりわけ前世紀の50年代の終わりから60年代はじめの数年間に、党中央委員会事務局は、首相府官邸および中央行政学校と協力し、各機関、組織で文書保存業務を行っている者に対して記録管理・文書保存業務の研修クラスを開き、早急に職員の不足を克服し、業務の専門性を高めることを目指した。また同時に、政府はイクンティコップやエメリンなどの旧ソ連の文書保存業務について経験豊富な何人かの専門家をベトナムに招き、理論と実践について、研修クラスのために講義してもらった。研修クラスにおける講義内容は、文書保存資料と文書保存業務の役割と意義、文書保存業務の原則と性格および内容といったような基本的な問題に集中していた。特に、首相府所属文書保存局が設立された（1962年9月4日）後、短期研修クラスはより頻繁に開かれるようになった。その後の3年間（1963, 1964, 1965年）、首相府文書保存局は、最も集中的に保存資料を安全区に避難させ、アメリカの空爆を避ける作業をしながら、積極的に「文書保存担当職員の訓練、教育、管理」業務を進め、この業務が政府から負託される重要な任務の一つである、と認識していた。

　1966年から短期教育研修クラスの参加の対象を、各機関、組織で記録管

---

[7] この時期、ベトバック戦区では、委員会事務局ならびに官房職員会議を行う際に、短期教育も加えられ統合された。

第2章 文書保存職員の養成と活用

理・文書保存業務や行政業務、事務作業をしている現役の職員だけに限らず、高等学校を卒業した生徒にまで広げ、文書保存分野のためにより長く奉仕できる人材を教育しようとした。1966年から1971年までに、首相府文書保存局は計9回のクラスを開いた。それぞれのクラスの期間は8週から10週であった。クラスが開かれた場所は、トゥエンクアン省のソンズオン県、そして後にはヴィンフック省ラップタック県に移った文書保存局の疎開地であった。約400人近くの中央と地方の機関の記録管理・文書保存担当職員がこのクラスに参加した。内容としては、短期クラスは以下のことに集中していた。

－一つ目は、学習者は記録管理・文書保存業務についての各テーマの理論の解説を聞き、その後講師の指導の下クラスで討論を行う。

－二つ目は、学習者はクラスが準備したいくらかの資料を実際に自ら整理する、あるいは機関へ赴いて専門職員の指導の下実習を行う。

業務のレベルを高めるため、実習の時間は学習プログラムの3分の1を占めた。この短期クラスによる教育、研修方法は、各機関、組織の文書保存業務に対しよい効果を発揮し、より高度な教育をする条件がまだ整っていなかった時期、特にアメリカ帝国主義が引き起こした破滅的な戦争に対処しなければならなかった時期において、専門職員の不足状態を解決した。

4/専門学校および高等教育

党とベトナム政府は、多くの短期業務教育・研修を成功裏に展開してきたが、それが臨時的対策であることを認めていた。長い目で見た場合、優秀な文書保存職員を得るために、中央から地方までの機関、組織で現役で記録管理・文書保存にあたっている職員に対し、長期の正規教育を施す必要があった。「記録管理・文書保存業務についての、2～3の問題点」に関する1959年8月9日付け通知第259-TT/TW号の中で、党中央委員会政治局は、「文書保存職員はその専門に集中し、専門業務について精通するよう訓練されなければならない」（3条）と強調している。そのため、60年代の初め、首相府文書保存局は、専門学校で文書保存について教育するという方針を立て、計

画をつくり、条件を整えていった。そして、以下のような作業が進められていった。首相府文書保存局の業務制度室から専門職員を異動させて教育チームをつくり、ハノイ総合大学の歴史科を卒業した学生を採用して講師とした。講義プログラムをつくるため、スタッフを選んで各機関、組織そして各地方に派遣し、記録管理・文書保存業務にあたっている職員の要望を把握した。政府計画委員会や首相府文教事務局などの専門機関に出向き、議論しその意見を聞いた。このような準備の結果、1971年12月18日、首相府官房長官は記録管理・文書保存専門学校の設立を許可する決定第109-BT号に署名した。この設立の決定によると、これは専門学校レベルの記録管理・文書保存分野の職員を教育し、職員に専門的業務研修、実習を施すことをその任務としている。

　1975年、ベトナム南部は完全に解放された。南部の政府機関に専門学校レベルの記録管理・文書保存業務にあたる職員を増やす必要から、専門学校レベルの職員養成の規模を拡大することが求められた。このため、1977年、首相府大臣は、文書保存局に対し、南部に記録管理・文書保存専門学校分校を設立することを認めた。分校はホーチミン市（旧サイゴン）に置かれ、その主な任務は、記録管理・文書保存についての専門学校レベルの人材を教育し、南部とタイグエン（Tây Nguyên）地方の各機関、組織、企業に供給することであった。1992年、この分校は国家文書保存局により、第二記録管理・文書保存専門学校となることを認められ、2007～2008年学期において更に範囲を広げ、ラムドン省ダラットに分校を置き、タイグエン（Tây Nguyên）地方の各省のために職員を養成した。

　現在、40年以上を経て、この二つの専門学校は、党と政府機関、政治、社会組織、そして企業に何千もの専門学校レベルの文書保存職員を供給し、記録管理・文書保存業務を軌道に乗せ、政府機構一般の活動と管理の効率を向上させるのに多大な貢献をしてきた。更なる発展の要望によって、2005年、ハノイに置かれた記録管理・文書保存専門学校は、記録管理・文書保存

高等学校となり、2010年、記録管理・文書保存という2分野以外にも、規模と教育の範囲を拡大し、内務大学となった。

5/大学教育

　ベトナムにおいて特殊だったことは、文書保存についての大学レベルの教育の部署を開くことが、専門学校レベルの文書保存教育より早く決定されたことである。第1項で述べたように、20世紀の60年代初頭、党中央委員会事務局と首相府官邸は、若干の担当職員と優秀な生徒を選びモスクワの歴史・アーカイブズ国立大学で学ばせた。その目的は文書保存について初めて大学レベルの人材を養成し、ベトナムにおいて中心的戦力とすることであった。当時、国が戦争をしており、そして国際情勢もまた複雑であったため、大規模に人を送ることはできなかった。しかし、中央から地方までの機関において、文書保存業務に携わるハイレベルな専門職員への需要は日増しに高まっていった。それは別の面から見ると、学問一般でみても、特にアーカイブズ学についてだけで言っても、理論的基礎を身につけた職員の養成に、党と政府は極めて大きな関心を寄せていたということでもある。この時期、政府は若干の職員を派遣し、中国や旧ソ連で学習、実習させ、帰国後に、各機関の文書保存職員の再教育にあたらせた。しかし、それは臨時的措置であり、文書保存業務はより高度な専門員を必要としていた。そのため、1967年、大学および専門学校省（現在の教育訓練省）大臣は、ハノイ総合大学（現在のベトナム国立大学ハノイ校）歴史科に文書保存についての教育部門の開設を許可する文書第733/KH号に署名した。このことは、ベトナムにおけるアーカイブズ学の研究、教育活動の展開にとって初めの一歩となる画期的出来事であった。

　文書保存の大学教育に十分な環境を整えるため、これに先立つ時期、ハノイ総合大学は教員チームの養成において、積極的に首相府文書保存局と協力した。この任務を果たすため、歴史科の責任者は、1966〜1967年と1967〜1968年の二期続けて成績が良、優の6人の4年生の学生を選び、当時トゥ

エンクアン省ソンズオン県に属した安全区に疎開していた首相府文書保存局に送った。これらの学生の役目は、アーカイブズ学を学習、研究し、現場の調査と文書保存業務の実習を行うことにより、そこに疎開していた政府機関の資料をまとめ、保管することであった。実習のあと、文書保存局の職員の指導の下、学生は歴史科（当時やはりタイグエン（Thái Nguyên）省ダイトゥー県に疎開していた）で卒業論文を完成させ、発表した。卒業後、その6人の内5人は、そのまま歴史科に残り、歴史科所属のアーカイブズ学部の設立にあたり、残りの1人は首相府文書保存局に勤務した。彼らは、以前のハノイ総合大学歴史科所属アーカイブズ学部と現在のベトナム国家大学ハノイ校付属人文社会科学大学アーカイブズ学事務管理学部の教員の第一世代である。創立後、半世紀近くの発展の時を経て、5人の教員から現在ではアーカイブズ学事務管理学部の教員の数は6倍にまで増加した。現在、この科には30人の教員がおり、そのうち16人は専任であり、14人は兼任である。教員の専門性もかなり高まっている。現在、大学、大学院には文書保存教育に参加している16人の博士号をもつ教授と12人の修士号取得者がいる。

1967年から1996年、ベトナムにおけるアーカイブズ学は、歴史科学の一専門分野として研究、教育されていた。そのころ、アーカイブズ学はただ歴史研究に貢献する目的で、価値のある資料をまとめ、保管するための理論と実践を研究する役目をもった学問分野だと考えられていた。この学科で教育された者は、各文書保存機関で働き、また同時に歴史研究に資する保存資料の検索、活用において役割を果たし、歴史家を補助しなければならなかった。このような考え方と任務があったことで、30年間を通してアーカイブズ学はただ歴史科の一部門に甘んじてきた。毎年の教育活動の規模は学生約15～20人に過ぎなかった。この状態は、ベトナムの文書保存業務にまだ大きな発展がなく、教育も研究者も限られていた初期段階には適合していた。

20世紀の90年代に入り、ベトナムにおいて、革新（ドイモイ）事業が一定の成果をあげるようになる。全体的な発展の流れに伴い、ベトナムの文書

保存業務も政府の関心と投資を受けたため、大きく発展し、アーカイブズ学を研究し業務を行なう人材の養成に対するニーズが新しく起こり、その機会も増えた。新しい情勢の必要に応えるため、1996年6月、ベトナム国家大学ハノイ校総長は、人文社会科学大学に直属する文書保存科を設立する決定に署名した。そのすぐ後、1997年、その科はアーカイブズ学事務管理学部と名を改めた。独立した科になってから、研究の方向性と教育の規模および質に以前と比べて著しい変化があった。それに続いて、2000年には、国家大学ホーチミン市校人文社会科学大学においても記録管理・文書保存部門が設立され、研究とベトナム南部の各省のための文書保存の人材の教育を行った。

写真：ベトナム国家大学ハノイ校付属人文社会科学大学アーカイブズ学事務管理学部設立10周年（1996～2006年）記念式典（アーカイブズ学事務管理学部所蔵）

二つのもっとも大きなベトナム国家大学（ハノイ校文社会科学大学とホーチミン市校人文社会科学大学）において独立した科と部門ができたことで、ベトナムにおけるアーカイブズ学の研究と教育にとって新しい発展の時期が

始まったといえる。新しい考えの下に、アーカイブズ学は、独立した科学分野として研究が進められ、高い専門性を身につけベトナム政府と諸機関、企業の文書保存業務のスムーズな実施を助ける専門職員を養成するための理論と実践の研究が目指された。

　大学における文書保存職員教育の質を上げるため、以前のアーカイブズ学部と現在のアーカイブズ学事務管理学部は積極的に学術的研究活動を展開した。その設立当初、アーカイブズ学部門は、フランス、中国、旧ソ連のアーカイブズ学についての資料や研究成果を翻訳し参考とした。しかし、教育活動に対する学術的研究活動の重要性が認識され、同時に理論を研究した上で、それをベトナムの具体的情勢に適合するよう運用し、教えなければならないと認識されるようになったため、設立されて間もなく、アーカイブズ学部門の教員は、その分野の学術雑誌に初めてのレポートを書いた（1968年）[8]。それから現在に至るまで、学術研究は一貫して教員に通常の業務と認識されてきた。当分野の学術雑誌とその他の学術雑誌に掲載されたレポート以外に、教員は下級機関から省庁に至るまでの機関から出されたプロジェクトを実行したり、修士論文や博士論文を書いたり、教材や教程を編纂したりした。

　量の面で、過去40年以上の間、未完成の統計によると、以前の歴史学科所属アーカイブズ学部門（ハノイ総合大学）、つまり現在のアーカイブズ学事務管理学部（ベトナム国家大学ハノイ校付属人文社会科学大学）だけでも、その教員は論文を学術雑誌上に何百も掲載し[9]、何十もの各レベルの学術プロジェクトを主催および参加し、100以上のアーカイブズ学の問題に関わりのある内容の修士論文や博士論文、そして何百もの卒業論文を指導し、

---

[8] 1968年、つまり部門が設立されて1年後、教員は雑誌『文書保存事業』（のちの雑誌『ベトナムの記録管理・文書保存』）上に掲載された記事を書いた。
[9] 詳細については、グエン・カイン・ズオン博士の学術紀要『ベトナムにおける文書保存についての研究と大学教育の40年』ハノイ国家大学出版社、2007年、所収「雑誌『ベトナムの文書保存』上に文書保存科職員と教員が発表した研究成果について」114ページ。

教材、教則本を編纂したりしてきた[10]。

　過去、ベトナムは多くの学会を開催し、文書保存学の研究成果をまとめ、発表してきた。その中でも注目すべきは「ベトナムにおける文書保存についての研究と大学における教育の40年」学会（2007年開催）と「人文社会科学研究における保存資料の価値の利用と活用」学会（2009年12月開催）であった。2012年、国家大学ハノイ校所属人文社会科学大学は学習院大学（日本）とミョンジ（明知）大学（韓国）と協力し、国際学会「人文学分野の文書保存資料の価値の利用と活用」を開催した。これらの学会の紀要は編集、出版され、学術界から高く評価され、大学生、修士課程、博士課程の大学院生の有益な参考資料となった。

　全体的にみると、上に述べた研究成果はアーカイブズ学と文書保存業務のほとんどの基本的な主要問題を取り上げ解決しており、以下のようなベトナムにおける文書保存業務の理論と実践の問題を明らかにしてきた。

　―政治、経済、文化、科学そして歴史の各分野における保存資料の意義と価値
　―ベトナムにおける文書館網構築の理論と実践
　―文書館における科学的な資料構築（つまり分類、資料価値の確定、検索ツールシステムの構築などを含む）
　―資料保全の方法
　―保存資料の公開、紹介、利用ニーズへの対応
　―文書保存業務の政府による管理
　―政府機関、社会組織と企業による保存資料の構築と管理
　―ベトナムと世界の文書保存に関する法律

---

[10] ベトナムにおける文書保存学の具体的な研究成果については、学術紀要『ベトナムにおける文書保存についての研究と大学教育の40年』ハノイ国家大学出版社、2007年、所収の准教授のブー・ティ・フン博士のレポート「人文社会科学大学における、大学・大学院の文書保存専門職員教育に対する学術研究の40年」69ページにまとめられ、評価されている。

―ベトナムと世界の文書保存の歴史

このような学術研究の成果は、教員が専門性を高めるのを助け、教材や教則本の作成に使われ、この40年間を通じてベトナムにおける大学、大学院における文書保存職員教育の質を保証し高めてきたのである。

このような研究の上に、大学での文書保存職員教育は以下のような特筆すべき成果を挙げた。

＊数量の側面：初期の段階（1967～1996年）において、大学での教育の対象は、主に高等学校の卒業生で、全国試験に合格した者であった。この時期には、歴史科の中に文書保存部門が置かれていたため、科に入ってくる学生の数は、毎年約15～20人であった。学生は正規の専業の学生として4年間教育を受けた。20世紀の90年代まで、社会の要求に応えるため、（ハノイ）総合大学は更に働きながら学べる教育システムをつくった。学生は、中央から地方までの各機関で現役で文書保存業務にあたっている職員からも選抜されるようになった。はじめの数年度は、まだ数は多くなかったが（約30～40人）、後年、そのニーズと人数は日増しに増大していった[11]。

1996年から現在まで、大学における文書保存職員教育の規模は日ごとに拡大してきた。アーカイブズ学事務管理学部（ベトナム国家大学ハノイ校付属人文社会科学大学）に選抜されて入ってくる正規学生は毎年約70～80人となった（以前の3～4倍）。働きながら学べる教育も続けられ発展してきた。数年前、働きながら学ぶ学生は、一つの科に200人以上に及んだこともあった。しかし、近年では、一般的な流れに従って、社会人学生は、一科につき70～80人にまで減った。それぞれの地方の文書保存職員に学習の条件を整えるため、ハノイでクラスを開講することに加えて、近年、若干の教育科が中部および南部で開設された[12]。2003年から現在まで、ベトナム国家大学

---

[11] グエン・ヴァン・ハム「ベトナムにおける大学の文書保存教育の30年」『行政事務と文書保存職員の教育と活用』（学術紀要）人文社会科学大学、ハノイ、1997年。

[12] ヴー・ミン・チャウ「ベトナム国家大学ハノイ校付属人文社会科学大学における行政業務の教育（社会人向けの短期の）の社会的必要性と問題」『事務管理‐理論と実

ホーチミン市校付属人文社会科学大学アーカイブズ学・行政管理学部も毎年50〜70人の正規学生と、約80〜100人の社会人学生を選抜してきた。

写真：ベトナム国家大学ハノイ校付属人文社会科学大学において、卒業証書を受けたアーカイブズ学事務管理学部の学生たち（アーカイブズ学事務管理学部所蔵）

全体的にみると、文書保存についてベトナムの大学で教育される対象となるのは、高等学校を卒業した生徒（55％強）と、現役で中央と地方の機関で文書保存業務にあたっている職員（45％）である。

＊教育の内容とプログラムについて

この4〜5年、ほとんど全てのベトナムの大学が、学年制から単位制の教育制度に転換している。この流れに沿って、現在のベトナムにおける大学の文書保存教育プログラムは五つの群から成るように設計されている。

―第一群：哲学や外国語といった全ての大学生を対象とした一般的知識から構成される。

―第二群：人文・社会のグループに属する学生を対象とした必修の、ある

践』ハノイ国家大学出版社所収、2005年、288ページ。

いは選択して学べる知識から構成され、経済学、論理学、歴史、文学、心理学、教育学などを含む。
－第三群：科の分類を同じくする学生を対象とした必修の、あるいは選択して学べる知識から構成される。現在アーカイブズ学は情報の分類に属しており、学生は情報学、管理業務のための情報、情報の収集と処理技術などの知識を身につける。
－第4群：アーカイブズ学の専門分野の知識から構成される。それは、文書保存業務の遂行と管理、資料の収集とアーカイブズへの追加、保存資料の理論に基づく分類と価値の確定、利用と活用、視聴覚資料の保存、科学技術資料の保存、電子資料の保存などである。
－第5群：実習と卒業論文の作成[13]。

このような教育プログラムは比較的広い知識によって教育し、卒業したのちに学生にとって就職活動がしやすく、より多くのチャンスがあるように、また転職の際にも有利なように、設計されたものである。それと同時に、この教育プログラムは、アーカイブズ学についての深い専門知識を提供し、学生たちが卒業後その知識を実践に運用することで、文書保存の分野で専門家となれることを目的としている。

＊教育方法について

以前、教育の方法は主に、教員の講義と参考資料の読み方の指導、さらに教室での討論を組み合わせたものだった。3年の終わりと4年時に学生は、政府機関、社会組織、企業へ文書保存実習に行くことになっていた。この時期、学校にいながら文書保存についての専門業務を行なうことは非常な困難を伴った。そして教員の教育方法もまだ粗略なものだった。従って、まだ実際の仕事の経験のない学生に対し、文書保存業務についての知識を身につけさせることは非常に難しかったのである。

---

[13] アーカイブズ学事務管理学部「大学教育プログラムの枠組み」ベトナム国家大学ハノイ校付属人文社会科学大学、による。

第2章 文書保存職員の養成と活用

　近年、ベトナムにおける経済と社会の発展は、教育と職業訓練の分野において影響を及ぼし、大きな変化をもたらした。全ての教育施設に対し、方法の革新の問題が提起された。例えば、学習者を中心に据えた教育の方法は、この頃から現在においても広くベトナムにおいて用いられている。教員による講義の時間は減り、その代わり、学生が資料を読み、実習し、討論する時間は増えた。学習の過程で、学生は日ごろから文書保存機関と接触をもち、実習に行くことができる。学校での実習施設の条件も整いつつある。机上の理論に加えて、学生はアーカイブズセンターに行って文書保存専門職員の指導と協力のもと、専門的な実習を受けることができる。講義では、教員がいろいろな見せ方で、学生が視覚的映像資料を通して文書保存業務についての手順をイメージしやすいようにしてきた。教材と参考資料は編纂され、常に更新されてきた。文書保存に関する外国の大学や研究所の教材と資料も翻訳され、追加補充され、学生の参考に供された。学習成果の検査と評価は以前のようなレポート形式だけでなく、面接やテストという形でも行われた。

写真：文書保存の実習クラスにおいて学生を指導する教員
　　　（アーカイブズ学事務管理学部所蔵）

教育の形式について、正規の専業の教育形式と並行して行なわれたのが、働きながら学ぶ教育形式（社会人教育）である。教育の期間は4年半から5年である。毎年度選抜する学生の定員は80人である。この教育の形式は、専業の学生として勉強することはできなかったが、専門性を高めるため学習する必要のある一部の専門職員、一般職員、管理職員の当然の要請に応えるためのものである。この働きながら学ぶシステムの選抜対象は多様であるが、主な対象は中央から地方までの政府機関、党機関、団体、企業、事業機関（大学、研究院、病院など）の事務局に勤務している者である。近年、日増しに多様で膨大になっていく労働者に対する社会の需要と、行政改革が進められる中で起こってくる公務員の標準化（公務員になるために一定の資格を要求すること：訳者注）への要求のために、高等学校あるいは専門学校の卒業資格、あるいは修士号の資格までもちながら、大学に在籍して文書保存を学ぶ者の数はかなり増えた。原則的には、働きながら学ぶシステムで学ぶ学生が身につける知識は、正規の教育システムで学ぶ者と比べても違いはない。

　このように大変な努力にもかかわらず、ベトナムの大学における文書保存専門職員の教育方法には、以下のような多くの限界がある。

　＋教育プログラムが依然として理論に偏っており、そのため卒業後すぐの時期には、職員は実践から起こる問題を解決する段になると戸惑ってしまう。

　＋卒業した学生は、まだ外国語と情報学の能力に限界があり、現代的なツールの使用に精通していないため、規模が大きく日常的に外国の相手と取引を行っているような機関、組織、企業などで働く際には困難に陥る。

　＋その他に、就職課も、記録管理・文書保存専門職員の大学教育プログラムは、新しく、また現代的な研究成果を適宜、もれなく更新していく必要があると考えている。それは、電子資料の管理や専門分野の資料の構築と保存、保存資料の現代的な保全、利用、活用の方法などである。

6/大学院教育

30年近い大学での文書保存職員教育を経て、一般的な流れに伴い、大学院での文書保存教育に対する要請が起こることは必然であった。文書保存分野の大学を卒業した者の中には、さらに高いレベルで学び専門性を高めたいと考える者もいた。統合とグローバル化の流れの中で、多くの機関、企業は国際的な関係を広げ、海外の取引先や顧客をもつことになり、より高度な人材を必要とするようになった。各機関、企業の活動は、日々発展、拡大し保存資料の量は増大し、種類は多様となり、内容は豊富になってきた。そのため、高い専門性と文書保存業務を遂行、管理する能力のある専門職員が求められるようになった。一方で、各機関、企業に人材を供給する必要に応えるため、アーカイブズ学分野の教育プログラムを実行してきた多くの高等学校や大学では修士号をもつ教員が必要となった。現場の要求に応えるため、担当機関はアーカイブズ学の大学院教育を許可する方針で一致した。

アーカイブズ学事務管理学部の設立（1996年）以前の時期、アーカイブズ学の博士号をもつ者は、ほとんど全て旧ソ連、ドイツ民主共和国（東ドイツ）、ブルガリア、ハンガリーなどで教育を受けたが、その数は極めて少なかった（10人強）。旧ソ連と東欧における政治情勢が大きく変動したのち、ベトナムは引き続きアーカイブズ学を海外の大学院で学ぶために人を送ることができなくなった。このため、大学院（博士課程）レベルの文書保存専門職員の供給源は基本的には断たれてしまったのである。この現実を前にして、大学院レベルの文書保存専門職員の教育の問題が極めて喫緊の問題として提起されたのである。30年近くのアーカイブズ学の大学教育を経て蓄積された経験により、また教員たちの数も増え、質も向上し、多くが政府によって准教授に任命されたことから、さらに学校の内外の学者からの援助、補助を受けて、1998年からアーカイブズ学事務管理学部は、正式に教育訓練省からアーカイブズ学と資料学の専門分野（コード：51.002号）の大学院教育の任務を与えられた。これは、ベトナムにおける文書保存専門職員の教育事業における重要なメルクマールである。初期には、この学科は、国家大学ハ

ノイ校の定員に従って、10人から15人の院生を選抜した。ここ数年は、国家大学ハノイ校の方針に従い、修士課程と博士課程を含む大学院教育が始まったため、通常、毎年の選抜対象は20〜30人となった。大学院生の大多数は、中央と地方の公共機関の記録管理・文書保存職員もしくは事務管理職員、あるいは記録管理・文書保存と事務管理の分野の教育を行っている大学、高等学校、中等学校の教員などであった。当時から今に至るまで、100以上の院生がアーカイブズ学と資料学の専門分野（あるいは、教育訓練省の新しい専門コードで分類するとアーカイブズ学専門分野となる。専門コードは：60.32.24である）についての修士論文を提出して認められた。その中には、国家文書保存局、ラオス人民民主共和国国防省の3人の職員がいた。

写真：人文社会科学大学（ベトナム国家大学ハノイ校）、アーカイブズ学事務管理学部の職員と教員たち

アーカイブズ学の修士教育の成果の基礎の上に、2010年からベトナム国家大学ハノイ校は、引き続き人文社会科学大学にアーカイブズ学分野の博士課程教育を行なうことを許可した。この決定により、ベトナムの文書保存分野は、全ての教育課程において一貫して教育できることになった。2010年から今まで大学は18人の院生を選抜し教育しており、何人かの初年度の学

生が現在博士論文の準備をしている。それに加えてベトナム政府は、海外に留学するための奨学金を支給することで、博士課程レベルの学術的素養を身につけた職員の養成を強化する方針を立てた。これによって、中央の機関で文書保存業務にあたる若干の職員と大学の教員が、アーカイブズ学について修士課程と博士課程で学ぶため英王国、ドイツ連邦共和国、フランス共和国、ロシア連邦、オーストラリアなどへ送られた。彼らは、将来ベトナムの大学における文書保存についての教育業務に携わる人材に加わる重要な戦力となるだろう。

修士課程を修了した者の内、多くが現在、国家文書館、省や中央直轄市の文書保存館、高等学校や大学の指導層など、文書保存分野の管理業務において重要な地位を任されて、あるいは全国の文書保存業務にあたる職員を教育している大学や高等学校で教えている。

総括すると、この数十年のベトナムにおける文書保存職員教育は以下のような諸点にまとめられる。

一点目は、ベトナムは、国の歴史的背景と職員の能力や物質的基盤の具体的な条件に従って、さまざまな方法を用いて文書保存職員を教育養成してきた。

二点目は、各機関、組織などにおける文書保存職員の構成も、中等、高等から大学、大学院のレベルまで各教育課程の間の専門性の程度について比較的バランスがとれていた。従って多くの職員が与えられた任務をみごとに果たしてきた。

三点目は、管理機関と教育された人材を使う機関および教育施設との間の協力、連携、援助は積極的に変化してきたことにより、それが教育される人材の質の向上に貢献し、多様で豊富で競争力が求められる現在の社会の労働者に対する要求に日に日に応えられるようになった。

しかし、我が国の文書保存職員教育における以前からの問題は今も残っており、一定の限界と不十分なところがある。それは、今でも理論偏重で未だ

文書保存業務の実際を取り入れていない教育プログラムである。実際の業務は、大きく変化するものであり、特に新しい産業が参入してきた場合、各機関、組織、企業の記録管理と文書保存業務に深刻な影響を与える。記録管理と文書保存分野についての各機関、組織、そして労働者に対する社会の要求の把握はまだ十分に注意が払われていない。このため、実際には場所によってレベルの異なる養成クラスが開講されるといったことは多くない。従って、教育を受けた多くの者が、帯に短し襷に長しの状態で、教育費用に見合わない無駄を生みだしている。先進的なアーカイブズ学をもつ国々と協力して教育することは、まだ多くの困難を伴うので、現代的な文書保存理論を吸収することには限界がある。

第3章　文書保存に関する法規定の公布

　文書保存活動と文書保存業務を円滑に進めるため、仕組みをつくり、人材を育成、活用することととともに、政府と各機関や組織は、文書保存についての法規定の公布にも関心を払ってきた。それは、政府が、その国における文書保存業務の方向を定め、統一するための基礎であり手段である。そして、そのうえで、各機関は一定の秩序と枠組みに従って文書保存業務に基準を設け、管理することができるのである。

　ベトナムの文書保存の歴史を研究すると、歴代のベトナムの政府が、それぞれの時期の環境に応じて、この問題に取り組んできたことが分かる。

3.1. 封建時代における文書保存業務についての法規定

　前章ですでに述べたように、ベトナムにおける文書保存業務は、特に阮朝において、かなりの目に見える進展をみた。阮朝以前には、資料の保存は未だきちんと進められたことはなかったが、いくつかの政府は、書類、文書、書籍の保管と保存における官吏の責任について、初歩的な規定をもっていた。我々が調べたところによると、この問題について規定をもった初めての王朝は黎朝（15－18世紀）である。ベトナムの封建王朝の中で、黎朝はもっとも長く続いた歴史をもつ（360年）王朝というだけでなく、多くの分野で偉大な、そして貴重な遺産を後世に残した王朝であり、そのなかには、法律についての遺産がある。黎朝の法律だけからみても、またより一般的に封建時代のベトナム全体の法律の歴史からみても、特別な価値をもつ成果は、15世紀に公布された『國朝刑律』（洪徳律とも呼ばれる）である。

　国家を管理し発展させるために、黎朝は文書と書類の問題に特に関心を示し、国家の規則や規定を法律によって具体化した。『洪徳律』（我々は、読むときの便のため、この呼び方をつかう‐ヴー・ティ・フオン）の中には、我々の統計したところによると、全部で722の条項があるうち文書、書類の

起草と管理の問題についての条項が70ある。これらの条項は、多くの章に散在するが、その中でも二つの章に最も集中している。それは、「違制」（法律に違反すること）の章と、「詐欺」（だますこと）の章である。151条と195条において、『洪徳律』は以下のように規定している。官僚と衙役（役人）は、上司に目を通してもらったあと、冊子や書類を持ち出して、「共通の棚に重ね」なければならない。もし、紛失したり、私宅に長い間おいて置くままにすれば、いずれも罰を受けなければならない。それは、杖刑、笞刑、罷免、降格などの罰である[1]。

　国を統治する権力を握ったあと、阮朝の歴代皇帝は、文書保存業務を理解し遂行することにおいて、かなりの進歩をみせた。阮朝の歴代皇帝、特に明命帝（みんめい）は、方針を打ち出し、国家機構の活動においてつくられた文書や書類の保管、保存に努めた。『大南寔録』は以下のように記している。1833年、明命帝は旨諭（しゆ）（皇帝の命令という性格をもった文書）を出し、公文書や書類の保管をきちんとしなかった地方を譴責（けんせき）し、地方官僚に毎日公文書の統計を記録させ、内容をまとめ、月末には分類して冊子にし、その機関の印を押して保存するよう要求した[2]。1835年、明命帝は続けて旨諭を出し、内閣、部、役所に、毎月末に、自らの職責と任務に関係のある全ての文書を集め、分類して冊子にし、後の調査に便利になるように要求した。また、明命帝時代、書類や資料の保管、保存についての違反を防ぎ、発見し、処罰し、朝廷の文書保存についての法律が厳正に行われるように、文書保存業務についての監査が制度として確立された。

　阮朝時代の文書保存についての法規定の公布について、歴史家たちは以下のように評価している。「阮朝は、文書保存業務について多くの法的性格をもった規定を出した。その諸規定は文書保存業務の多くを改善した。それは、

---

[1] 『國朝刑律』、文化出版社、ハノイ、1998年、101,102ページ
[2] ヴォン・ディン・クエン『ベトナム封建時代の国家運営文書と公文書および書類保存業務』国家政治出版社、ハノイ、2002年、176ページによる。

組織、人事、資料の分類、保管、保護から、違反があった場合の監査と処罰にまでわたっていたのである。」[3]

3.2. フランス植民地時代における文書保存業務についての法規定
3.2.1 1858～1917年の段階

　南圻を占領したすぐあと、フランス植民地政権は、保存文書の管理に特に関心を示した。1868年10月3日、南圻総督代行のG・オニールは、決定第134号を公布し、その中で、南圻の諸機関が活動する過程においてつくられた各種の資料は、植民地監察官のアーカイブの中に収めなければならないということが明確に規定された。研究者によると、これは、南圻だけでみても、またベトナム全体でみても、フランス植民地政府の文書保存業務に関連する初めての文書である。これに続き、1868年11月18日、南圻総督直属の内務長官が文書保存業務についての「指示」を出した。それは、それぞれの機関、役所が書類や資料の保存業務に責任をもつ職員を一人選び、それぞれの案件の文書と原本はすべてファイリングして、日時に従って整理し、一つの表紙のもとに入れ、外側にはその案件の摘要を記す、そして、ファイルは分類されて、棚に置かれ、その外側にはラベルを貼り番号を記し、後に文書館に入れる、というものである。

　しかしながら、さまざまの理由により、実際には上記の規定は完全に実現されたわけではなかった。そのため、書類、資料の保存を進めるため、1875年2月17日、南圻総督は決定第70号を公布した。それは、諸種の書類や資料の管理を統一するためのさまざまな方法を規定するためであった。この規定によると、すべての文書の原本は、南圻枢密院[4]の文書館に収めて管理し、要求があった際にはコピーを提供できるようにしなければならなかった。この規定により、文書保存作業と保存文書はより高いレベルで取り組ま

---

[3] 『ベトナムアーカイブズ史』、2010年、前掲書、111ページによる。

[4] 『ベトナムアーカイブ史』、2010年、前掲書、119ページ参照。

れるようになった。それは南圻枢密院という高いレベルの機関に収めるられることになったからである。1908年、1909年と1910年のそれぞれの年に、南圻総督は続けて政令を公布した。それは、文書館を組織すること、図書館と文書保存局において文書保存業務を監督する職を置くこと、書類や資料の保管、提出、整理と貸出についての規則を定めることについての政令であった。その後、専門職員の不足、不安定な戦況のため、このような規定は実際にはほとんど実現されなかった。このような状況は1917年、インドシナ文書保存総局・図書館が設置されるまで続いた[5]。

　中圻（フランス植民地時代のベトナム中部の呼称、アンナンともいう。訳者注）においては、文書保存業務は、北圻（フランス植民地時代のベトナム北部の呼称、トンキンともいう。訳者注）よりも早くフランス人によって注目されていた。1897年、中圻文書保存局が設立され、旧衛兵長サントニが担当した。ここにあった文書、書類は機械的にヨーロッパ式の方法に従って分類されたため、中圻の資料には馴染まず、そのため中圻における文書保存業務の強化計画は未だ実現されなかった。

　北圻では、1907年、北圻大使が、分類、ファイリング、保管、文書保存職員の選抜について規定する通知を公布した[6]。しかし、実際には、この通知にある規定は十分には実現されなかった。中央から省レベルまでの各行政機関の資料の量は、日増しに増えていった。それらの資料の多くは、積み上げられ、いっしょくたにまとめられ、無秩序な状態で、未だ整理、分類、ファイリングされていなかった。保管の方法がまだ不十分であったため、資料の大部分は、棚の上に天井まで積まれたり、あるいは廊下に置かれていた。

　1884年にパトノートル条約が締結されたのち、フランス政府はインドシナとベトナムにおける植民地の政府機構の強化に、より集中して取り組むようになった。1887年、（フランス領）インドシナ総督の制度が誕生したこ

---

[5] 『ベトナムアーカイブズ史』、2010年、前掲書、121ページによる。
[6] 『ベトナムアーカイブズ史』、2010年、前掲書、118ページによる。

第3章 文書保存についての法規定の公布

とが、ベトナムにおけるフランス植民地政権の機構の強化を促進することにつながった。そのような機構の強化の中には、文書保存の管理機構の組織も含まれていた。この任務を実現するため、インドシナ総督は以下のようないくつかの政令を公布した。それは、南圻政府の文書館と図書館の合併についての1909年3月17日の政令と、南圻文書館の設置に関する1909年4月26日の政令である。

しかし、研究者の意見によると、1917年以前は、いくつかの文書保存に関する文書が公布されたとはいえ、この問題はフランス政府によってまだ十分には取り組まれていなかったといえる。現地の植民地政権の全ての努力は、ベトナムも含むインドシナ植民地を早急に併合しようという目的に注がれたのである。そのため、この時期には文書管理について専門に担当する機関はまだなく、この段階での法規定の公布にはまだ限界があり、実際にはその後の時期になってはじめて、より多くの関心が払われることになるのである。

3.2.2. 1917年から1945年

この時期において、特に注意に値する第一の出来事は、インドシナ総督がインドシナ文書保存局・図書館設立の政令（1917年11月29日）を出したことである。それはハノイに置かれ、ポール・ブデをその長とした。政令によると、この機関は、文書館を再編成し、文書保存作業を指導、監査する役割と、インドシナ全域において、図書館を組織、監督する役割をもっていた。同時に、この機関が効果的に活動できるように、植民地政権は、文書保存管理最高委員会を設立した。これは、業務を行う際にその文書保存局の長に助言し、資料の価値を判断し、価値のない資料の廃棄基準を定めるという任務をもっていた。

1918年12月26日、インドシナ総督はインドシナ全域に5つの文書館を設立する政令と、文書保存職員を選抜し、補充し、訓練することや文書館の建設、そして各機関、役所での資料の保管、収集、分類、ファイリングと研究、利用の制度についてのいくつかの規定を続けて公布した。

この二つの文書は、担当機関の組織並びに文書館網を構築し、広くはインドシナ連邦の、そしてそれぞれの植民地の植民地政権のシステムに属する各機関の下で作成された重要な保存文書を集中的に管理することにとっての法的基礎であるといえるだろう。

　人事面について、1930年10月25日、インドシナ総督は2つの重要な政令を公布した[7]（具体的には第2章を参照）。それは、インドシナ文書保存局・図書館に属する現地人の人事組織に関するものと、インドシナ文書保存局・図書館内に現地人の書記と文書保存職員を教育する課を設けることに関するものであった。第一の政令で、人事組織のシステム、すなわち、選抜試験のプログラムに従った、現地人に割り当てられた文書保存員と図書館員の枠に入り選抜されるための条件について定めた。第二の政令では、インドシナ文書保存局・図書館に現地人の書記と文書保存員を教育する課を組織することを許可した。この二つの政令は密接に関係し合い、補完し合うものである。

　これらの主要な文書の他に、1917年から1945年の時期に、フランス植民地政府は更に中圻の文書保存に関する政令（1943年）、ポール・ブデが研究し構築した資料分類の枠組み、そして、文書保存について具体的に指導した、それぞれの地方、あるいは全インドシナの範囲で適用されたいくつかの文書を公布している。

　このように、フランス植民地時代に公布された法規定の体系は、文書の数としては多くないが、内容については、基本的な問題をほとんどカバーしている。それはつまり、文書保存システムの構築、人員の教育・選抜・活用と収集・管理する資料の範囲、文書保存業務の流れなどである。特に、1918年12月26日の政令は、最も法的な価値をもつ二つの法規範文書の中の一つであると評価され、長い間（30年近く）効力をもち、植民地時代のベトナムにおける文書保存業務の土台であった。アーカイブズ学の視点から考えると、フランス植民地時代の植民地政権の法律と規定は、この時期のベトナム

---

[7] 『ベトナムアーカイブズ史』、2010年、前掲書、138ページによる。

第3章 文書保存についての法規定の公布

で作成された資料を収集し、理論に基づいて整理し、きちんと管理するということにおいて、一定の貢献をした。現在、ベトナムの文書保存システムにも、植民地時代の資料が保存、管理され、利用、活用されている。フランス植民地時代のいくつかの業務の手順や文書保存のシステム構築の方法はまた、ベトナム政府によって参考にされ、応用されている。

3.3. 現代（1945年から現在まで）のベトナム政府によるアーカイブ業務に関する法規定

独立を勝ち取ってからすぐあと、国には多くの解決すべきことがあったが、保存文書の保護、保管の問題にも関心が払われた。過去70年間、戦争（抗仏、抗米）や前時代的で発展の遅い経済社会という条件下での長い時間を経験しなければならなかったが、ベトナム政府は常に文書保存業務と文書保存作業に取り組み、多くの文書を公布して、それに法的な基礎を与えてきた。

3.3.1. 文書の数と種類について

まだ完全ではない統計であるが、それによると、1945年から2012年までの期間に、ベトナムの政府と担当機関は、150以上の法軌範の文書と、50以上の公文書保存と文書保存の作業についての指導文書を公布した。その中には、法律、法令、政令、通知のような法的価値の高い多くの文書がある[8]。

以下は、1945年から2012年までに公布された文書保存作業についての法律、規定、指針の文書の数の統計である。

番号	文書の名称	公布機関	数	注記
1	法律	国会	5	効力の残っているもの：3 効力の切れているもの：2
2	法令	国会常務委員会	3	効力の残っているもの：1 効力の切れているもの：2

---

[8] 国家記録管理・公文書館局（内務省所属）、『現行の公文書、文書保存作業に関する法律軌範文書と業務指導文書選集』、文化‐情報出版社、ハノイ、2012年による。

3	布告、通達	臨時政府主席(1945～1946年)	2	効力の残っているもの：0 効力の切れているもの：2
4	政令	政府	28	効力の残っているもの：11 効力の切れているもの：17
5	通知	各省の大臣	47	効力の残っているもの：24 効力の切れているもの：23
6	指示	首相、首相府	6	効力の残っているもの：2 効力の切れているもの：4
7	決定	首相、大臣、国家記録管理・公文書館局局長	71	効力の残っているもの：45 効力の切れているもの：26
8	告示、規定、指針	政府官房、首相府文書保存局（旧）、国家記録管理・公文書館局（現在）	55	効力の残っているもの：30 効力の切れているもの：25

（国家記録管理・公文書館局、2012年[9]による）

3.3.2. 内容について

その豊富な数と種類で、これら諸種の法律文書は、記録管理・文書保存業務に関する基本的で具体的な問題についてかなり充実した形で規定している。以下は文書保存業務に関して公布された法規定の内容について我々がまとめたものである。

a/ 一般的規則と指針

独立を獲得したあとすぐの時期から、国と地方政府がまず取り組んだ問題は、旧制度の保存資料を保護するとともに、職員と人民に新しい時代の資料保存の必要性を明確に理解させなければならないということであった。そのため、1945年の9月8日、10月19日、10月25日に連続して北部人民委員会が文書保存の価値を認める一連の文書を公布し、資料が毀損される状態を未然に防ぎ、公文書とその他の資料の安全な保存、保管作業を進めるよう役所に要求した。1945年11月23日、法令第65号（民族の文化遺産の保存におけるインドシナ考古学院の役割についての規定）の中で、臨時政府主席は明確に指示した。それは、「碑文、遺物、詔勅、証明書、書類、書籍は、それ

---

[9] この表の中のデータは、『現行の公文書、文書保存作業に関する法律軌範文書と業務指針文書選集』、文化情報出版社、ハノイ、2012年の中の目録に従って計算した。

が宗教的な性格をもっていようといまいと、歴史に益がありまだ保存されていないものは、損壊することを禁ずる」[10]、というものであった。

　このような文書が公布された理由は、一部の人間の、旧政権の資料は保存しなくていいという認識と、政権獲得後の深刻な紙不足から、多くの役所で勝手に旧政権の記録書類や資料を廃棄したり、売ったり、あるいは、勝手に私物化したり、書くのに使ったりするような事態が起こっていたからである。このような事態を前にして、ベトナム政府は具体的で、現実に即し、時宜に適った方針と方法を打ち出し、保存文書ならびに他の各種の文化遺産を保存、保護した。

　ホーチミン主席は、保存資料の大きな価値を明確に認識していたため、政権獲得直後、残された旧制度の書類や資料が毀損されて失われる危険があるという事態を前に、1946年1月3日、資料を勝手に廃棄している現状を厳しく批判する通達1C/VP号に署名した。その通達において、ホーチミン主席は、「保存文書は国家建設にとって特に価値がある」ことを認め、「各省の大臣は、関係官庁の職員に全ての公文書と資料を保存し、廃棄してもよいという上からの明確な命令がない限り、その公文書と資料を廃棄してはならない旨の指示を出す」ように要求した。また同時に、通達は、「記録文書と保存文書は公文書保存を担当する官庁に送って、厳重に管理すべきである」と明確に指示を出している。この文書は、集中的、統一的に文書保存業務と保存文書を管理するという原則を示し、また同時に新しい制度下の文書保存業務についての法的文書公布に基礎を与えるものであった[11]。

　情勢が安定したあと、ベトナムは更に9年もの間（1946年から1954年）抗仏戦争を遂行しなければならなかった。この期間、政府の各機関は山岳地帯の基地に退かなければならならず、各地方の政府も大抵は秘密裏に活動し

---

[10] ズオン・ヴァン・カム、『国家第1アーカイブズセンター』、国家文書保存局、ハノイ、1989年、74ページ参照。
[11] その重要性に鑑みて、2007年9月17日、政府首相は決定第1229/QD-TTg号を公布し、毎年1月3日（通達の公布された日）をベトナム文書保存の日とした。

なければならなかったので、文書保存業務について規定する文書の公布は大変な困難に遭遇した。この時期の注意すべき文書は、国家主席公布の国家機密守秘に関する1951年12月10日付け法令第69/SL号である。この法令によると、各機関は、より一般的に言えば情報の守秘という制度を、個別的に言えば保存資料の秘密を守る制度を理解し、それに従わなければならないとされた。その他には、1954年、党中央書記局は、フランス軍が撤退したあとの各都市の接収・管理についての指示を公布したが、その中に、各機関は資料を保護する義務を負わなければならないとする規定があった[12]。

　平和が樹立されてから、多くの注意を要する問題の中で、ベトナム政府は文書保存業務の重要性を認識し、この分野について規定する文書の公布を重視した。各機関における文書保存業務を軌道に乗せるため、1957年11月2日、政府首相は各機関における公文書ならびに書類についての一般的な制度を定める規約の公布に関する決定第527-TTg号を出した。しかしながら、これは、平和が戻ったあとの公文書と資料の管理という目の前の要求に応えるために公布された文書であり、そのため、この規約の内容は基本的で必要最低限の規定でしかなかった。首相府直属の文書保管局が設立されたあと、個別的に言えば局の活動に対して、また文書保存全体に対しても、法的な基礎を与えるため、1963年9月28日、政府は公文書、書類管理ならびに公的書類保存業務、文書保存業務についての規約を公布するための政令第142-CP号を出した。これは、文書保存についてのベトナム民主共和国の重要な法的文書であり、その中で、党とベトナム政府の文書保存業務に対する指導についての考え方と方針がかなり詳細に、具体的に表されている。以前の政府首相の政第527-TTg号と比べ、政令第142-CP号は、文書保存体制の構築において、大きな一歩であった。この政令は、文書保存業務の基本的で包括的な問題について定めた。文書保存業務についてのベトナム共産党の指導原理を発展させて、この政府政令は、「国家機関、民間団体の全ての記録文

---

[12] 『ベトナムのアーカイブの歴史』、2010年、前掲書、174ページによる。

第3章 文書保存についての法規定の公布

書、資料と我々が残してきた旧政権の書類と資料は、国家の貴重な歴史遺産である。いかなる機関も、個人もこの書類と資料を私用のために専有すること、またこれを廃棄することもできない[13]」ということを引き続き定めた。この政令は、書類、資料の保存（文書保存）と公文書、公的書類の保存（つまり公文書保存）は、国家、社会の管理にとって欠くべからざる二つの業務である、と明確に示している。この政令は文書保存業務の集中的、統一的管理の原則、文書保存分野の組織のシステム、中央から地方にわたる各管理機関、文書館の役割、任務、そして文書保存業務についての多くの他の重要な制度と規則などを定めている。この政令の文書の中の規定は、高い法的価値をもった法律軌範を含んでいる。そのため、何十年にもわたって、ベトナムにおける文書保存業務の構築と発展に多大な影響力を発揮してきた。

　公文書保存業務についての政令第142-CP号の規約を実行するために、ベトナム政府は、以下のような法律軌範文書を公布して、それを指導した。それらは、中央と地方の各機関における公文書保存と文書保存業務についての規約の実行を促進することに関する1969年3月22日付け通知第10-BT号、そして、中央と地方の各機関における公文書保存と文書保存業務の整理と充実に関する1974年7月29日付け通知第120-BT号である。

　1975年以降、新しい時代の文書保存業務の構築と発展の任務には、党による指導と、政府による管理の強化を必要とした。この要求に応えるため、党とベトナム政府は、集中的に研究を行ない、文書保存業務についての高い法的効果を有する指導文書、法律文書を早期に公布すべきであるという方針を打ち出した。

　この方針を実行するために、1981年12月26日、大臣会議は保存資料の統一的な管理と効果的な研究および利用を進めて、国の要求に応えることを目的としたベトナム国家文書群の構築に関する決定第168-HĐBT号を公布した。

---

[13] 首相府文書保存局、前掲書、51ページ

この文書において、大臣会議は、国家の保存文書の価値を「極めて重要で貴重な社会主義的遺産であり、すべての政府機関、民間団体、社会的組織と全てのベトナム国民は、それらに細心の注意を払って維持、保全していく義務と責任がある」と定めた。また、大臣会議の決定は、資料の中身やベトナム国家文書群に属する資料の収集、保管、公開、利用に関する原則など、文書保存における多くの基本的事項について定めた。

ベトナム国家文書群の構築の決定を公布することは、文書保存業務に対する党の指導原理と指導方針を具体化し、ベトナムにおいて保存資料の管理と、文書保存業務を進めるために必要な法的基礎をつくる過程でとても重要な意味をもっていた。

しかし、文書保存業務を発展させるには、もっと高い法的価値を有する法律文書を公布しなければならなかった。そこで、1982年の初めから、首相府文書保存局はいくつかの他の法律機関の積極的な協力と助力を得て、文書保存についての法令作成計画を実行した[14]。

1982年11月30日、国務院は国家保存文書保護法令を承認した。この法令は「国家の保存文書は民族の遺産であり、国の建設と防衛にとって特別な価値をもつものである[15]」と定めた。

写真：国会事務局にて、1982年12月11日付け国家保存文書保護法令に署名するチュオンン政府会議議長（国家記録管理・文書保存局所蔵）

---

[14] 法令は、高い法的価値を有する文書であり、法律に匹敵する。まだ法律によって規定されていない社会的な関係を調整するのに使われる。

[15] 国務院、国家保存文書保護法令、国家政治出版社、ハノイ、1993年、6ページ

第3章 文書保存についての法規定の公布

　この考えに基づいて、この法令は、保存資料に対する所有の制度と管理の原則について基本的な規定を打ち出している。それは、「国家の保存資料は全国民に属し、集中、統一の原則に従って国家が管理するものである。すなわち、いかなる機関、集団あるいは個人も専有して自分のものにすることはできない[16]」というものである。その他にも、この法令は、文書保存業務について多くの基本的事柄を定めている。それは、国家の保存資料の範囲と内容、あるいは保存資料の管理と利用についての原則と制度、そして、中央から地方レベルの政府の文書保存機関のシステムなどである。

　国家保存文書保護法令が出されたことは、ベトナムの文書保存分野にとって極めて重要な意味をもつ。これは、この時期におけるベトナムの文書保存業務に関する全ての法律軌範文書の中で、もっとも高い法的価値を有する法律文書である。この法令の公布によって、ベトナムの文書保存史上初めて、高度な法律文書によるベトナム共産党の主要な指導原理と原則の具体化がなされた。そして、その文書の中で、保存資料の管理と文書保存業務について、最も基本的な事柄が定められたのである。そのため、この法令は、これ以降の方向を決定づける影響を及ぼし、それと同時に、具体的な方法を規定したり、ベトナムの文書保存分野の構築過程に対して重要な貢献をした。法令の発布によって、党と政府の関心の高さが分かるが、これは文書保存の法律をつくり、ベトナムの文書保存業務における理論並びに実践の問題を総括するという面において、大きな一歩であった。

　20世紀の80年代の終わりに、ベトナムの経済、社会状況に重要な変化が起こった。戦後の危機的な時期から国を脱却させるため、ベトナム共産党は正しい政策を断行した。それはすなわち、国の刷新（ドイモイ）を行ない、門戸を開いて世界の国々と交流することであった。この決定は、あらゆる分野において長足の進歩をもたらし、同時に文書保存業務に対し新しい要求を突きつけることにもなった。そのため、文書保存業務に新しい方向性をもた

---

[16] 国務院、国家保存文書保護法令、国家政治出版社、ハノイ、1993年、7ページ

せるため、各関係機関は、1994年から2000年の間に国家保存文書保護法令（1982年）の中のいくつかの規定についてその実行の結果を評価し、追加、修正した。2001年4月4日、国会常務委員会は、国家文書保存法令を一致して承認した。1982年の法令に比べ、この法令は新しい規定を加えたが、その中でも注目すべきは、資料の検索と利用の権利を広げたことであり、つまりそれは、ベトナムのアーカイブズが世界の国々のアーカイブズとつながる環境をつくり出したのである。

　国家文書保存法令の施行から10年、ベトナムの文書保存業務は多くの特筆すべき結果を残してきた。この法令の中の、原則としての性格を有する諸規定を基礎として、国は一連の法律軌範文書と記録管理・文書保存についての業務指導文書を公布した。それは、国家文書保存法令のいくつかの条項の施行について詳しく定めた政府の2004年4月8日付け政令第111/2004/NĐ-CP号や公文書保存についての2004年4月8日付け政令第110/2004/NĐ-CP号、さらに、保存資料の保護強化と有効利用についての政府首相の2007年3月2日付け指示第05/2007/CT-TTg号などである。その他、文書保存部門の管理機関としての機能から、内務省は様々な問題についての通知や決定を公布している。それは例えば、統計の報告制度や、組織の変更あるいは国有国営の形態を変える際の資料の管理、どこが歴史アーカイブ（国家レベルのアーカイブ：訳者注）に資料を提出するのかの決定、専用文書館についての規定、資料整理にどれだけお金と技術をかけるかという決定、そして、一般的な（希少価値の低い）資料の保管の年限などの問題である。また、この期間に、ベトナムのアーカイブズは引き続き国際的協力関係を広げ、またそこに加入していった。ベトナムのアーカイブズは3つの国際的アーカイブズ組織のメンバーである。それは、国際アーカイブズ会議（ICA）と国際フランス語圏文書館協会（AIAF）、そして国際アーカイブズ会議東南アジア地域支部（SARBICA）である。ベトナムのアーカイブズはまたフランス、ロシア、中国、ラオス、カンボジア、マレーシア、韓国などの多くの国との二国間協

第3章 文書保存についての法規定の公布

力を深めてきた。指導層の教育と育成、資料のやり取り、訪問、業務の考察、保存資料のリストやコピーのやり取り、ベトナムのアーカイブズと各国のアーカイブズの間での保存資料についての共同出版、共同展示などは日増しに強化され、拡大されてきた。

成果があった一方で、2001年の国家文書保存法令の公布によって、限界と不備も明らかになった。それは、まだ整備されていない市場経済の中で発生した問題である。例えば、文書保存に関するサービス活動の管理や個人、家族、宗族の保存文書の収集の仕組み、保存文書の利用制度、多くの機関、組織のアーキビストが数の面でまだ足りないことや、その数が日常的に変動すること、そして、その業務のレベルが新しい時代の業務の要求に応えられていないことなどである。

以上のような分析と評価から、ベトナム国会は、上記の問題を解決するため、より高い法的価値を有する文書を検討し公布することを決定した。2011年11月11日、第8期国会は、第2期会議において、文書保存法を通過させ、国家主席が2011年11月25日、発布の命令に署名した。文書保存法は、2012年7月1日施行され効力をもった。この法律が文書保存活動について定めている対象の範囲は以下のようなものである。文書保存活動における機関、組織、個人の権利と義務、文書保存業務の教育と研修、文書保存に関するサービス活動と文書保存についての管理などである。この法律が適用される対象は、国家、各国家機関、そして個人である。

ベトナムでの、現時点におけるこの文書保存法の公布は、必要なものであり、文書保存についての法律体系を整えるこ

写真：2011年の文書保存法
（インターネットより）

とに貢献し、文書保存業務が発展し、行政改革の要求に応え、国際文書保存法に適応する環境をつくり出した。

b/文書保存、保存文書管理機関の組織系統についての諸規定

第一章で述べたように、文書保存を円滑に進めるためには、専門の担当機関を設立する必要があり、その中には、中央から地方までの全国の文書保存業務の管理を行なう機関と保存文書を管理する機関とがある。まだ不十分な統計ではあり、1962年から2012年までの数字ではあるが、政府は文書保存局の機構の組織系統について約30の文書を公布している。その中でも注意すべきなのは、以下のような組織の設立とその機能および業務についての規定である。その組織とは、文書保存局（現在の国家記録管理・公文書館局）や国家アーカイブズセンター、地方の文書保存管理機関などである[17]。これらの文書は、全国の文書保存機関の組織と活動にとっての法的基礎である。しかし、別の角度から見れば、規定する文書はあっても、組織する形式が常に変わるため、各文書保存機関の安定性はまだ高くなかった（第一章参照）。

c/教育、選考についての規定と文書保存業務を行なう人員に対する制度

組織系統についての文書の公布と並んで、政府はいくつかの文書を公布し、文書保存業務を行なう人員に関する事項を規定した。まだ不十分な統計ではあり、1962年から2012年までの数字ではあるが、政府はこの問題について20以上の文書を公布しており、その中でも注意すべきは、それぞれの文書保存の専門職に対する基準や教育・選考制度、給料と仕事の分野ごとの手当の制度、ベトナムの文書保存に貢献した者を記録し表彰する形式、などについて規定しているいくつかの文書である[18]。

上述のような文書は、文書保存職員の教育と選考に対する法的基礎をつくり、彼らが仕事に励み、ベトナムの文書保存分野の発展に貢献するよう鼓舞した。しかし、現在に至って、多くの規定がもはや新しい状況に合わなくな

---

[17] これらの規定の内容は、第一章において、紹介し詳細に論じた。
[18] これらの規定の内容は、第二章において、紹介し詳細に論じた。

っている。そのため、各担当機関は研究を続け、政府が法令の文書を変更、修正するか、あるいは新しい文書を公布するかして、現状に合うようにしなければならない。

d/文書保存業務についての諸規定

全国の機関、組織の文書保存業務が統一的に、また軌範に則って行われるために、国と各担当機関は文書保存業務遂行のプロセスと方法についての多くの文書を公布した。具体的には、

文書を選別し、収集し、国の文書館（つまり歴史文書館）と機関や組織の文書館（つまり現用文書館）のそれぞれに収容する作業についての規定である。

最新の規定によると、ベトナム文書保存法は資料に対する所有権を認めているが、同時に、国家や地方の特別な価値を有する資料に対しては、集中的管理の原則を打ち出している。そのため、2011年の文書保存法によると、国は、個人、家族、宗族や各機関、組織に対し、資料の選別と保存について指導する責任があるとし、また国にとって特別な価値があり、国の所有である資料は選別、収集され、歴史文書保存館（国家アーカイブズセンターと各省および中央直轄都市の歴史文書館のこと）に保存する、と規定している。

この原則を実行するために、国は、国家アーカイブズセンターに書類と資料を提出する責任のある機関、組織と提出する必要ある資料の内容、提出期限などの規定を公布した。その規定によると、現在ベトナムには四つの国レベルの歴史文書館（国家第1, 2, 3, 4アーカイブズセンター）と63の省、中央直轄都市レベルの歴史文書館がある。これらの歴史文書館に一定の期限で書類と資料を提出する責任のある機関、組織を具体的に規定している。その他の機関、組織に対して、書類と資料を現用文書館に集めることを規定している。個人、家族、宗族は、国の一般的な規定に基づいて自ら資料の保存をする責任がある。

以上のような規定を公布することによって、国は、様々な所有者の下でつ

くられた価値の高い資料の収集、管理を担保し、それによって、国家にとって価値のある重要な資料を収集し管理することに集中できるようになった。

　各文書館に資料を収集するために、各担当機関はいくつかの文書を公布し、手続きと順序、収集すべき資料の内容や資料を収集する際の各文書保存館の責任について指導した。以下はその中の代表的な文書である。

　－文書保存局の1975年9月10日の告示第25-NN号に付随して公布された、資料文献管理年限表サンプル

　管理年限表には100のグループがあり、資料の種類を活動の面で7つに分けた。

　　Ⅰ. 国家の運営と指導および監査
　　Ⅱ. 計画と統計
　　Ⅲ. 組織と人員
　　Ⅳ. 労働賃金
　　Ⅴ. 会計 - 財務
　　Ⅵ. 公文書 - 文書保存
　　Ⅶ. 専門資料（部門、分野ごと）

　この文書の規定によると、資料の保管年限は、書類の内容によって決められ、永久、長期、臨時の三つがある。

　しかし、実行の過程で、上の表に従って保存資料を選別してみると、不備のあることが分かった。資料の内容をすべてカバーできておらず、保管年限も具体的に定められていなかったためである。そこで、2011年6月3日、内務省は各機関、各組織の下でつくられた通常の書類や資料の保管年限を決めるための通知第9/2011/TT-BNV号を公布した。この文書の中で、価値のある各種の通常の書類と資料は、多くの項目に従って保管年限を決められる。その項目は以下の通りである。

　＋価値が高く、国家にとって意義のある書類と資料は、永久の保管年限に定められる。これらの資料は現用文書館での保管年限が切れたのち、省レベ

ルの歴史文書館または国家アーカイブズセンターに移管される。

　＋その他の書類は、それぞれ100年、70年、50年、20年、10年、5年という年限に従い保存年限が定められる。これらの書類は選別されて各機関、各組織の現用文書館に集められ、規定の年限が切れると整理されたうえで廃棄される。

　－文書保存局の告示第261-NV号に伴う1977年10月12日公布の各機関における現用書類作成作業の指針

　これは、記録管理の分野に関する文書であるが、文書保存にも密接な関係がある。なぜなら、もし各機関、組織が適切に書類を作成できなければ、文書館に資料を収集する業務にも影響があるからである。指針の文書では、次のような基本的な問題が規定されている。ファイリングの必要性、書類のリストの作成、機関の文書保存館に書類を納めるプロセスと手続き、などである。

　このような文書の公布は、資料をファイリングし、選別し、各文書館に収集、追加する作業における各課、文書館、機関、組織の指導に影響を与えた。

　＊保存資料の科学的整理と安全な保管についての諸規定

　2012年までの統計によると、ベトナム政府と各担当機関は、この問題について50以上の文書を公布している[19]。各文書は、以下のような事項について集中的に規定している。それは、資料整理のプロセスと方法（分類、価値の判断、検索システムの構築）、価値のなくなった資料の廃棄のプロセスと方法、そして保存資料の保管のプロセスと方法などである。

　例えば以下のような文書が公布されている。

　－ベトナムの基準に従った「紙資料整理」プロセスの公布に関する2009年6月1日付け国家公文書・文書保存局決定第128/QĐ-VTLTNN号（TCVN ISO 9001-2000）。

---

[19] データは、国家公文書・文書保存局発行の『公文書、文書保存作業に関する法律軌範文書と業務指針文書選集』、文化情報出版社、ハノイ、2012年、に従って計算した。

ー価値のなくなった資料の廃棄の指導に関する2006年12月19日付け国家公文書・文書保存局告示第879/VTLTNN-NVĐP号。

ー保存資料の管理の指導に関する1995年4月4日付け国家公文書・文書保存局告示第111/NVĐP号。

ーマイクロフィルムによる保存資料の保全用コピーの保管制度を公布することに関する2009年4月27日付け国家公文書・文書保存局決定第109/QĐ- VTLTNN号。

ーデジタルデータの保全用フィルムへの移行プロセスを行なうための手順と指導の公布に関する2011年10月21日付け国家公文書・文書保存局決定第175/QĐ- VTLTNN号。

＊保存資料の利用と活用に関する諸規定。

保存資料の性格と特徴からして、その利用と活用については、しっかりとした規定がなくてはならない。利用と活用のニーズに最善の形で応えるための一般的な規定に加えて、近年では、以下のようないくつかの問題について具体的に規定するために、国と各担当機関は多くの文書を公布している。その問題とは、利用者への対応手順や使用が制限される資料のリスト作成、さらには機密指定解除、利用料と外国人に利用が許される資料の検閲の規則などである。

例えば以下のような文書が出された。

ー国家アーカイブズセンターにおいて、書類・資料が利用を制限されるかどうか決定する作業の指導に関する2001年8月22日付け国家文書保存局告示第379/LTNN-NVTW号。

ー国家アーカイブズセンターにおける、閲覧室での利用者対応と保存資料のコピー提供、それが実物からコピーされたものであることの証明の手順の公布に関する2009年4月22日付け国家公文書・文書保存局決定第104/QĐ- VTLTNN号。

ー保存文書の機密指定解除プロセスの公布に関する2009年5月13日付け

第3章 文書保存についての法規定の公布

国家公文書・文書保存局決定第111/QĐ- VTLTNN号。
　その他に、国は土地台帳、水路、環境、石油など特殊な部門の資料・データの管理と利用および活用の制度についてもいくつかの規定を公布している。
　e/ 文書保存の施設と技術および財源についての諸規定
　文書保存機関の活動に対して施設、技術、財源を確保するために、内務省と財務省は以下のような作業を指導する文書をいくつか公布している。それは、文書館のために設備をつくり、設置することや各サービス活動に対し、経済的、技術的な基準を定めること、そして保存資料の整理に対し、財政的に規定すること、などである。以下は、以上述べたようないくつかの分野についての主要な文書である。
　－専用文書館について指導する内務省の2007年11月26日付け通知第09/2007/TT-BNV号。
　－紙資料の整理費用を決定する方法について指導する内務省の2010年11月26日付け通知第12/2010/TT-BNV号。
　－紙資料整理の経済的、技術的基準を規定する内務省の2010年4月29日付け通知第03/2010/TT-BNV号。
　－保存文書保管庫と紙ベースの保存資料の衛生管理における経済的、技術的基準を規定する内務省の2011年11月11日付け通知第15/2011/TT-BNV号。

＊＊＊＊＊＊

封建時代の各王朝、フランス植民地時代の政府、そして特に現代のベトナム政府の文書保存についての法規定を見直してみると、かなり早い時期から資料の保存には関心が払われていたことが分かる。法規定によって、個別的には各機関、組織の文書保存業務が、より広く言えば社会全体における文書保存活動が、共通の規則と規定に従って実行されることになったのである。政治制度は互いに異なっていたが、各政権、各政府はみな国家並びに個人の財産として、また同時に時代の特別な遺産としての意義をもった資料の選別

と保存に関心を払い、意を用いてきた。

　1945年以降、ベトナム国家は文書保存についての何百もの法律文書をつくり、公布してきた。今日に至るまでに、この文書の体系は構造の点でもかなり整備されたものになった。つまり、それは、文書保存法と法律より下位の文書（政令、通知など）、そして実施指導の各文書から成る。内容については、各文書は共通の規則を定めると同時に、文書保存業務と文書保存活動のそれぞれの問題に対して、具体的な問題を設定していった。文書をつくり公布していく過程において、各時代の国家はみな外国の経験を参考にしながら、同時にベトナムの条件に合うように運用していった。確かにまだ多くの限界があり、時代に追いついていないところがあり、すでに適切でなくなった規定もあれば、実践の中で起きてくる諸問題を解決しきれていない規定もある。しかし、今まで述べてきたような規則や規定の作成は、この数十年間の文書保存活動にとっての基礎、法的な土台をつくってきたのである。それに加えて、国際的な文書保存の法律に適応する必要に応えるため、保存資料の整理、管理と有効利用の原則についての規定が整備された。それは、機密資料をしっかりと管理しながらも、情報に接する権利を保証し、国際的な通例に違反や齟齬のないようにするためであった。

第4章　保存資料の収集と管理

　文書保存の基本的な目的は、価値のある文書や資料を選別し、収集して文書館に入れることであり、同時に様々な方法を使って資料を管理し、資料を安全に保ち、できるだけ破損を防ぐことである。

　保存資料を良好に管理するために、国や機関は保存館と設備をもつ必要があり、同時に各組織と個人の業務と責任について具体的な規定がなければならない。以下は、歴史の各時期を通じたベトナムの保存資料管理における、当時の政府の施策とその成果である。

4.1. 封建時代の保存資料管理
＊阮朝以前

　10世紀、ベトナムが封建的な独立国家となって以降、封建時代の歴代王朝は次第に各機関の文書と書類の保存に取り組むようになっていった。古い史料には歴代封建王朝のベトナムにおける文書保存業務に対する萌芽的な関心を物語る若干の出来事が記されている。それは主に、初期黎朝（15世紀）のものである。

　1461年の辛巳(かのとみ)の年12月、つまり即位の年の翌年であるが、黎聖宗(レタイントン)は、文書と書類の管理に取り組んでいる。それは、全国の府、州、県に通達を出して「役人は封をされた書類について、それを盗んだり、バラバラにして手元に置き持ちかえったり、外部の者に写しを渡したりしてはならない」と命令した[1]。

　とくに、1483年に出された『國朝刑律』（あるいは、洪德(ホンドゥック)律と呼ばれる）において、722の条文の内、公文書の起草、公布と保管、保存業務における違反に対する刑罰に関する規定が70条にも及ぶのである[2]。

---

[1] 『大越史記全書』社会科学出版社、ハノイ、2004年、第二冊、421ページ。
[2] 『黎朝刑律』文化出版社、ハノイ、1998年、101,102ページ。

しかしながら、当時の公文書の保存と管理は、目先のことを目的としており、それはつまり秘密を保持し、資料の安全を図り、封建的政府の機構の中の各機関、組織の活動についての証拠を保存し、歴代王朝の歴史編纂に役立つようにするためであった。実際には、当該事案が解決した文書や書類はただ、現場で保管されるだけであり、文書保存専門機関や書類、資料を保存するための専用の保管庫もまだなかった。ただ、戸籍や土地台帳だけは膨大な数があり、徴税や土地、労働力管理と密接に関わりがあるため、保管にはそれ専用の倉庫がつくられた。黎朝の史書の記事によると、このような帳簿類は倉庫群に長い間保管され、管理を担う戸部に送付された。

　この時期、漢字の使用が普及していたので、政府の各機関のほとんどの活動は文書化された。そのため、阮朝以前の歴代封建王朝が作成した文書、書類の数もまた少なくない。しかしながら、戦争や内乱、権力闘争などによる破損、侵略者による略奪、焚書あるいは厳しい気候条件や天災、そして非常に重要なことは、封建時代の政府はまだそれらの文書類を保管し保存するのに必要な方針や施策がなかったことなど、さまざまな理由によって資料はかなり多くが失われてしまった。黎貴敦（レークィードン）、潘輝注（ファンフイチュー）などの学者は、自らの研究の中で、保存資料が紛失、四散する3つの原因を挙げている。

　i/ ベトナムの歴代王朝においては、当時まだ資料、書籍を保存するのに必要な方法がなかった。

　ii/ 先人たちは詩文を学ぶ方法にだけ重きを置いてきたために、科挙と関連のない資料や書籍の保存に注意を払わなかった。

　iii/ 国内で戦争、騒乱が頻繁に起こり、それが資料の収集と維持を困難にし、多くの場合、それらは四散するか、ひどく破損した。

　古い書籍には、北方（中国）からの侵略軍が資料や書籍を焼いた記事が多く書き残されている。続けて出された1406年8月21日付けの明朝将軍朱能（しゅのう）に送られた勅旨と、1407年6月16日付け勅旨には、「安南においては全ての書籍、文書、民間歌謡や三字経のような子どもに教えるための本までも、一

第4章 保存資料の収集と管理

枚の紙、一文字から、そこで立てられた石碑に至るまで、見つけ次第すぐに廃棄し、保持すべからず」とある[3]。明朝はまた、ベトナムの古今の事跡を記した資料や書籍を没収し、中国へ持ち帰るという方針ももっていた[4]。

このような損害と損失は相当深刻なものであり、漢学者黎貴敦は『大越通史』の跋文で次のように述べている。「李、陳二朝の300年以上にわたる数えきれないほどの詔書、勅書、政令、歌や頌歌、典礼について議論した文書などは、現在どれも十分に残っていない。まともな博覧の学者であっても、どこにも資料をみつけることができないのである」[5]。ポール・ブデは1942年に出版された『安南歴代皇帝の文書保存と安南の歴史』の中で、「19世紀以前の公文書と資料の原本は20にも満たなかった[6]。従って、現在のベトナムの文書館には阮朝以前の封建王朝の資料は若干の貧弱なコレクションがあるのみである。これは本当に大きな損失であり、埋め合わせることは不可能で、この時代のベトナム史研究に困難と障害をもたらすものである。」と述べている。

＊阮朝

1802年、阮英(グエンアイン)は帝位につき、年号を嘉隆(ザーロン)とし、都を富春(フースアン)においた。前章までで述べたように、阮朝、すなわちベトナム最後の封建王朝の下で文書保存業務はかなりの進展をみた。歴代皇帝、特に明命帝は多くの方針を打ち出し、国家の諸活動で生み出される公文書や書類の保全、保存に努めた。『大南寔録』はこう記している。「1833年、明命帝は勅令を出し、公文書や書類をきちんと保管、保存していない地方を譴責するとともに、地方官吏に対し、毎日公文書を統計に記録し内容を要約しておくように、また月末に

---

[3] レ・ヴァン・カム「15世紀における我が父祖たちの文学と芸術資料の収集と保存の基礎的な紹介」『記録管理・保存』1982年第一号、12ページによる。
[4] 『大越史記全書』巻二、前掲書、258ページによる。
[5] 『黎貴敦全集』、1968年、社会科学出版社、ハノイ、102ページ。
[6] グエン・フン・クオン『公文書保存』、1971年、出版文化特任国務長官府、サイゴン、45ページによる。

は分類し、まとめて冊子にし、その役所の印を押して保存しておくように要求した[7]」。1835年、明命帝は続けてもう一つの勅令を出し、内閣と各省庁は毎月末に自らの職責と任務に関わりのある全ての公文書を集め、分類し、冊子にして後に調査し易いようにせよ、と要求した。明命帝時代にはまた、文書保存についての査察が制度となり、文書、資料の保管と保存についての違反の防止、発見、懲罰を行って、文書保存についての朝廷の法律が厳正に運用されることを保証しようとした。

1825年、明命帝は「蔵書楼」を建設させた。それは、2階建ての建物で、1階は11部屋、2階は7部屋と離れの部屋が2部屋あり、各省の活動で生じた地簿や納税記録など各種の帳簿類を保管する文書館として使われた。1942年まで、12,000の帳簿類がここに保管された。この蔵書楼がベトナムの文書保存史の中で初めての国立文書館であるといえるだろう[8]。

蔵書楼と並んで、阮朝はまた、若干の文書館・図書館を建設し、保存資料を保存するとともに、他の関連書籍をも保管していた。そのような文書館には次の二つの大きなものがあった。

写真：蔵書楼（フエ市に現在も残る遺跡）
（インターネットより）

---

[7] ヴォン・ディン・クエン『ベトナム封建時代の国家運営文書と公文書、書類業務』、2002年、国家政治出版社、ハノイ、176ページによる。
[8] ヴー・ティ・フン『阮朝の国家管理文書（1802‐1884年）』、ハノイ国家大学出版社、2005年、243‐246ページを参照。

第 4 章 保存資料の収集と管理

−内閣文書館‐図書館

　内閣は皇帝の特別な事務局であり、1829年に設立された。与えられた職務と任務に従い、内閣は普段から国家の重要問題に関わる文書の受領と起草、保存を行っていた。このため、1826年時点からすでに明命帝は資料保存のための建物を建設させていた。この建物は2階建てで、上階は保存資料を保管し、下階は各種の書籍を蔵していた。ポール・ブデ（インドシナに派遣され、文書保存業務を担当したフランス人官員）は、1942年、内閣文書館‐図書館を訪れたとき、何万もの書籍に加え、次のような重要な資料を見つけた。それは安南皇帝が外国と交わした条約、阮朝の外交文書、皇帝御筆の詩集、文集や絵画、地図、進士科合格者の科挙でのすぐれた答案などであった。そのような役割を果たしていたのは、内閣文書館‐図書館だけではなく、皇帝の私的文書館もそうであった。そこでは、重要な文書、特に外交文書が管理されていた[9]。また、ポール・ブデによると、1942年までは、ここでは多くの江南阮氏の諸王と阮朝初期の皇帝たちの時代からの写本の原本を目にすることができた、ということである。

−国子監文書館‐図書館

　国子監は歴史を編纂する専門機関であり、1821年に設立された。史官たちが参考、参照する資料を確保するため、この年からすぐに明命帝は文書館‐図書館を建てさせたのである。規定によると、中央と地方の各機関の行政文書は皇帝に奏上される際、全て三つの版（一つの原本と、二つの副本）をつくらなければならなかった。皇帝は自らの意見を原本に書き入れた。その後、内閣と各関係省庁が人を選び、この皇帝の意見を二つの副本に書き写させた。書写と押印が済むと、内閣は執行を担当する機関に一つの副本を送付し、二つ目の副本は国子監に移管されて、史官たちの歴史編纂のための資料となった。この規定によって、国子監文書館‐図書館は阮朝の朝廷のほとん

---

[9] ヴー・ティ・フン『阮朝の国家管理文書（1802‐1884年）』、ハノイ国家大学出版社、2005年、246‐248ページを参照。

ど全ての行政文書（その中には重要なものも、通常のものもあった）を収集、管理する場所となったが、そのほとんどが原本からの写本であった。これが内閣文書館‐図書館（皇帝の御筆、朱批のある重要文書を集め保存する場所）とは異なる点であった[10]。まさにこの文書館‐図書館が保存していた資料があったおかげで、この時代の史家は証拠と土台を得て、『大南寔録』や『大南一統志』のような阮朝の多くの歴史、地理書を書くことができたのである。

　保存資料と文書保存業務に対する歴代皇帝、特に明命帝の正しい理解と取り組みがあったことにより、阮朝はかなり多くの資料を維持、保管していた。その中には、史料としての高い価値をもつ資料群、特に貴重な以下のようなものが含まれていた。硃本資料（皇帝の朱批のある阮朝の行政資料）、地簿資料（全国すべての土地についての各戸ごとの情報が記されている）や木版資料（阮朝の重要な行政文書や書籍を木彫した、多くの版を印刷するための木版）など。これらの資料の内容は歴代政府の活動並びに、特に阮王朝の歴史、広く言えば19世紀のベトナムの歴史を反映したものであった。惜しむらくは、歴史の変転を経て、この史料の少なくない部分が消失し、破損してしまったことである。国家アーカイブズセンターに現在まで保管されている資料は、800集以上の硃本、11,000巻以上の地簿、30,000点以上の木版と、その他多くの残巻資料などである。これらはベトナムの極めて貴重な文化遺産である。その特別な価値のため、木版と硃本はどちらも2009年と2014年、ユネスコによりベトナムにおける世界記憶遺産に認定された[11]。

　保存資料の重要性を認識し、保存資料、特に政府の各機関の資料の管理にかなりしっかりとした対策をとったことにより、ベトナムの文書保存の形成と発展の道のりの上で、阮朝は嚆矢であったといえるだろう。阮朝が文書館の建設や保存資料の構築と管理法に取り組んだことで、後の時代に多くの知

---

[10] ヴー・ティ・フン『阮朝の国家管理文書（1802‐1884年）』、ハノイ国家大学出版社、2005年、242‐243ページを参照。

[11] 木版は、現在、ラムドン省のダラットにある国家第4アーカイブズセンターに保存され、硃本はハノイの国家第1国家アーカイブズセンターで管理されている。

見を残したのである。

4.2. フランス植民地時代のベトナムにおける保存資料管理

4.2.1. 1917年以前の保存資料管理策

フランスは、文書保存についての歴史ある基盤をもつ国であり、ヨーロッパの先進国の一員ではあったが、1917年以前、フランス政権は、主に植民地の平定に集中していたため、ベトナムにおける文書館の建設や保存資料の管理に注意を払わなかった。研究者によると、1917年以前、文書保存について管理する機関がまだなかったため、インドシナ連邦に属していた5か所の植民地（その中にはベトナムも含まれていた）の保存資料は放置状態で、管理を担ういかなる機関もまだなかった。ポール・ブデのインドシナ連邦に属する各国の行政資料についての報告によると、役所では資料は「それぞれのオフィスや軒先、屋根裏、地下室、棚の上、暗くじめじめした廊下の隅にまで山積みにされている。」そして「湿気、太陽光線と虫が見る間にそれらの書類をダメにしてしまう」[12]とある。

しかし、この全体的な流れの中で、局所的ではあったが南圻、中圻、北圻の植民地政権はそれぞれの地域において保存資料の管理についていくつかの措置をとっていた。

＊南圻において：1868年10月3日、総督は決定第134号を公布した。その中で、南圻の各機関の下でつくられる資料で、植民地監察官の文書館に提出すべきものの種類を規定した[13]。それは、以下のようなものである。

　－法規的性格をもつ文書

　－行政と会計の資料

　－建築物に関する資料

この決定は南圻における文書保存に関する初めての文書であり、この決定

---

[12] 『ベトナムアーカイブズ史』、前掲書、117ページより抜粋。

[13] 『ベトナムアーカイブズ史』前掲書、118ページより抜粋。

の公布によって、植民地政権がかなり時宜を得た政策を行っていたことが分かる。しかし、ダオ・ティ・ジエン博士（『ベトナムのアーカイブズ史』2010年）によると、各機関が資料を植民地監察官の文書館に提出すべきであるとの規定は臨時的施策であった。なぜなら、植民地監察官はただ南圻諮問委員会（総督に助言する権限をもつだけの組織）に所属する官だからである。従って、それから4年後、総督は1875年2月17日付け第70号決定を出し、その中で以下のように規定した。「規定、政令、決定、命令、免状、委任状、売買契約書、予算、図表、地図、精算書、また南圻のそれぞれの役所に関連のある記録は例外なく全て諮密委員会のアーカイブズに提出し、写しをつくり、要求に従ってその写しを提供できるようにしておかなければならない[14]。」この規定により、南圻における保存資料の管理権は諮問委員会から重要問題の決定権を有する機関である諮密委員会へと移った。文書の公布に加えて、南圻の植民地政権は職員を選び、価値のある資料を選別し、価値のなくなった資料を廃棄させ、また検索と利用に便利なように分類、整理させた。1909年になり、南圻における資料の構築と管理はより重視されることとなる。この年、総督が南圻文書館を設立する政令を出したのである。各機関の下でつくられる資料全てを保存することがこの文書館の任務であった。

＊中圻において：研究者によると、1897年から大使館には植民地政権の文書保存業務を担う部署があった。ここで文書は分類、整理され冊子にまとめられる作業が始まっていた。それに加えて、サントニ（大使館の長）は、また中圻に属する各省共通の文書保存組織の設立を計画していたが、彼の帰国後この計画は進められなかった。

＊北圻において：ここは最後に平定された地域であるため、1917年より以前は北圻における資料管理の状況にはほとんど関心が向けられなかった。ポール・ブデの報告によると、北圻の各省においては、それぞれの場所が各々の方法で資料を整理していたが、資料が多すぎるときはそれらの機関は

---

[14] 『ベトナムアーカイブズ史』前掲書、119ページより抜粋。

資料を束ねて、廊下や軒先に放置しなければならなかった。

このように、南圻総督と中圻大使の努力以外は、全体的には、1917年以前のベトナムにおける保存資料管理はまだ十分に関心を払われていなかった。それは、植民地政権が長く続いた平定事業に集中しなければならなかったからである。

4.2.1. 1917年以降の保存資料の管理策

前の部分で述べたように、インドシナ総督は保存資料を管理する必要性と重要性を理解し、1917年、インドシナ文書保存局・図書館の設立を決定し、同時にポール・ブデをその長とした。それに続き、1918年12月26日、インドシナ総督はインドシナ全域に五つの文書館を設立する政令と、それぞれの文書館の権限と管理する資料の範囲についての規定を公布した。それによって、インドシナ文書館・図書館（あるいは中央文書館とも呼ばれた）がハノイにおかれ、次のような資料の管理をその任務とした。

―インドシナ総督府と直属の役所の資料
―北圻大使（統使）府と北圻に属する各省の資料
―すでに解体された機関の資料と歴史的意義のある資料[15]

残り四つの文書館は四つの植民地すなわち南圻、中圻、ラオス、カンボジアの資料管理を任務とした。

このような組織面での施策は、広くはインドシナの、特にはベトナムの保存資料管理において新たな変化を生んだ。

1918年12月26日付け政令によると、20年を経過すると、役所の資料は規定に則って五つの文書館のうちの一つに提出しなければならなかった。毎年1月になると、全ての行政官庁は期限の切れた資料の統計表を作成し、保存にまわさなければならなかった。その統計は3部つくられ、その中にはそれぞれの書類の数量、内容の要約、保管期間などを明記する必要があった。この3部すべてに文書保存担当職員の認証が必要であり、1部は官庁で保管

---

[15] 『ベトナムアーカイブズ史』前掲書、132-134ページより抜粋。

し、他の1部は直接その官庁の資料を収集している文書館で保管され、残りの1部は中央文書館に提出された（確認のため）。もし資料が元々中央文書館に提出しなければならない種類のものであった場合は、2部だけ作成すればよかった。地方（具体的には省のレベル）に対し、この政令は、各省が自ら地方の資料を構築、管理し、10年が経過すると、資料は中央文書館（北圻の省に対して）あるいはそれぞれの植民地の文書館に提出しなければならないと規定していた[16]。

　このような規定と施策がなされたことにより、それからしばらく経ってから資料の収集と管理はかなりの成果を挙げるようになった。1933年までに、ハノイ中央文書館は、116,493の書類と、8,807の未整理のファイル、15,801冊のインドシナ総督府、省、都市の各種資料を収蔵した。1945年8月までに、180,000の書類、35,000の未整理のファイルと26,000の冊子を収蔵した。一方、南圻文書館は1932年までに11,525の書類、3,587の各種ファイルと、4,320の各種冊子を収蔵、保管した[17]。20世紀の30年代の終わりまでに、多くの機関と各省の資料を収蔵したあと、中央文書館と南圻総督の文書館はいっぱいになってしまい、書庫を強化拡張するため、提出資料の受けとりはしばらくストップした[18]。

　このように、植民地政権の具体的な施策により、1917年以降、ベトナムにおける保存資料の管理状況は良い方向に大きく変化した。中央文書館と各文書保存機関の積極的な資料収集活動により、資料が管理されないという状況は基本的に解決した。しかし、研究者が考えているように、このような施策はただ中央機関における資料管理の解決に集中しており、省あるいはそれ以下の単位においては、管理する文書館がなかったため、またきちんと資料の提出がなされなかったため、資料の破損や紛失が避けられない状態であっ

---

[16] 『ベトナムアーカイブズ史』前掲書、127ページより抜粋。
[17] ヴォン・ディン・クエン『ベトナムアーカイブズ史講義要綱』内部資料、1994年、16ページ。
[18] 『ベトナムアーカイブズ史』前掲書、140, 141, 150 ページより抜粋。

た。

4.3. 1945年から現在までの保存資料の収集と管理

4.3.1. 1945〜1954年

この時期は歴史上の重要な時期であった。まず初めに、ベトナム民主共和国の樹立があり、それに続いて、政権の強化、社会の安定、経済の発展、抗仏戦争があり、最後にディエンビエンフーの歴史的勝利、そしてジュネーブ条約の締結、北部の平和回復である。このような歴史的背景のもとで、党とベトナム政府は保存資料の保護と管理において二つの重要な方針を立て、時代に合った対策を行った。それは、

＊一つ目：旧制度下で収集された保存書類、資料及び党と政府機関の資料を維持し保護すること。

政権を獲得した後、数えきれないほど急を要する事案を処理しなければならなかったにもかかわらず、ベトナム民主共和国政府は各種の保存書類、資料の保護と維持にも取り組んだ。この問題に政府がすぐに注意を向けなければならなかったのは、以下のような理由による。

―政権を獲得するために革命を進めているあいだ、フランス植民地帝国がベトナムから撤退する際、革命勢力は官庁を占拠するとともに、即座に文書館（北圻、中圻、南圻の）を掌握した。そこには、封建時代とフランス植民地時代の大量の資料群が残されていたのである。旧制度のものは何であれ全て抹消しなければならないという風潮があり、更に、当時の深刻な紙不足という事態があったので、いくつかの場所における旧官庁の資料の廃棄と勝手な使用を制限し、防止するために統一的に指導する必要があった。

―第二に、革命活動の過程において秘密を守るため、党組織の活動に関する資料は通常すぐに破棄されるか、民間の安全な場所に隠されることになっていた。そのため、革命が成功したのちその資料を探す必要があり、ま

た同時に官吏や党員に対し資料の重要性を理解させ、許可がない限り勝手に廃棄しないようにさせなければならなかった。

この方針を実現するために、北部人民委員会は1945年の9月8日と10月19日および10月25日に立て続けに各機関に対し文書を公布した。その中で、保存文書の価値を認識させ、各官庁は資料が破棄されている現状を防ぐべきであるとした。1945年11月25日、布告第65号の中でインドシナ考古学院の役割を規定して、臨時政府主席は以下のように指示した。「歴史にとって益がありながらまだ保存されていない碑文、物品、詔勅、免許状、証明書や書籍は、それが宗教的な性格をもっていようがいまいが、廃棄することを禁ずる[19]。」。特に1946年1月3日、臨時政府主席は古い公文書と書類の保存と廃棄の禁止についての通達第1-C/VP号を公布した。この通達の中でホーチミン主席は、保存資料の大きな意義を国家建設にとって特に価値を持つものとして認めている。ホーチミン主席は勝手に資料が破棄される現状を厳しく批判し、この行為を破滅的な性格をもつものであるとみなした。主席はこの行為を厳に禁止する指示を出すと同時に、資料の安全な保存における公務員の責任を明示した。それは、書類と資料について、仮にもう価値がないと思え、破棄したいときには、「廃棄を許可する明確な上からの命令がある」という厳格な規則を遵守すべきである、というものである。このような書類と資料の廃棄の手続きに関する規定はまだ完全なものではなかったとはいえ、かなりしっかりした規則であり、当時の情勢に合致していた。

ホーチミン主席の通達は、1945年の八月革命以後の文書保存業務に関する初めての法律文書であっただけでなく、国家の保存資料管理に対するベトナム政府の考え方を明確に打ち出した初めての文書であったといえる。

このような方針と対策を実行するため、新しい政権の初期からすぐに中央文書館の書類や資料は公文書保存総局・全国図書館が保管と保護を行った。

---

[19] ズォン・ヴァン・カム『国家第1アーカイブズセンター』政府文書保存局出版、ハノイ、1989年、74ページ。

その資料群には、政治、軍事、経済、文化、社会の分野において価値を有し、1945年の八月革命以前のベトナムにおける重要な政治的、社会的事件を物語る希少な資料も多くあった。革命政府の効果的で時宜を得た施策によって、多くの官庁で勝手に資料を廃棄していた事態は基本的には防ぐことができた。各省、各県において、党委員会や解放民族戦線委員会は官庁や部局を接収する際、書類と資料の保護の方針を立て、それを実行した。

＊二つ目：抗仏戦争時の保存資料の管理と保護。

革命が成功してまだ間もないうちに、ベトナムは再び丸9年（1946〜1954年）のフランス植民地帝国に対する長期の戦争に突入した。新しい情勢に対応するため、極めて重要な問題が提起された。それは、抗戦が長引き、首都ハノイと多くの省都がフランスによって占領され、政府の各機関がベトバック戦区に疎開している状況下でどうやって保存資料を保護し維持するかということであった。

この問題を解決するために、党とベトナム政府は特に重要な価値を有する資料の選別と移動を実行すべきであるという方針を立てた。1945年9月8日に政府は、フランスが再び侵略してくるという状況において、各官庁が資料の移動に対し積極的に準備するよう求める文書をすでに出していた。指示された準備の方法は以下のような具体的なものであった。重要な資料は箱に詰めていつでも移動できるようにしておく。重要度の低い資料は別にしてまとめ、危急の情勢のときには焼却できるよう引火物と一緒にしておく。1945年11月14日の会議において、資料の避難の問題は政府会議によって草案がつくられ、決定され、これを実行する責任を負っている内務省へ送られ、資料が紛失、散逸あるいは敵の手に渡ることのないようにさせた。

この方針を実現するため、1946年12月から1947年2月まで、重要な保存資料は移動され、敵の強奪の企みを防いだ。設立の日からこの時点までのベトナム共産党の重要な議決や指示とベトナム民主共和国の文献、例えば臨時政府主席の初めての布告や国家と政府会議の初めての記録、国の設立後間も

ないころの各省庁やベトミン戦線の活動の資料などは、全て秘密の場所（主に山間部と以前の革命の根拠地）に避難され、比較的安全に保存された[20]。

資料の避難と並んで、戦区における党と政府の機関が活動していく過程において、資料の管理と秘密の保護も重視された。1951年12月10日、ベトナム民主共和国主席は国家機密の保護についての布告第69-SL号を公布した。布告の中で、政府は国家機密の範囲と機密の保護におけるそれぞれの機関、組織、国民の役割をはっきりと規定した。これによって、抗仏戦争の時期を通じて党と政府の各機関は、効果的に国家機密の保護と資料の保存を実行することができた。この時期、フランス植民地帝国は常に特殊部隊と偵察を放って、党と政府の各機関の活動の様子を探らせていた。そのため、1953～1954年の各連区、各省の機関の保護計画では、特殊部隊に対抗するため具体的な対策が打ち出された。抗戦行政委員会は規律を重んじ、絶対に書類と資料の秘密を守ることを求め、重要な書類と資料は隠し箱に隠すことに決め、それぞれの資料は別の箱にいれることにした。隠して移動し、緊急の時に便利なように書類と資料は、その価値と機密度、重要度に従って1，2，3の3種類に分けられた[21]。

このような二つの方針と具体的な方策は、困難に満ち複雑だった歴史上の時期における保存資料の保護、管理に関する党とベトナム政府の見識を物語っているといえる。この方針と施策によって、完全に保証はできないまでも最も重要な資料は管理され保護されたのである。これはこの時期の最も大きな成果であった。

4.3.2. 1954～1975年

この時期には、ベトナムが抗仏戦争を終結させたが、そのすぐあと、国土を解放し統一するため、続いて抗米戦争をしなければらなかった。そのため、この時期の保存資料管理は以下のような方針と施策に集中していた。

---

[20] 『ベトナムアーカイブズ史』前掲書、より抜粋。
[21] 国家第3アーカイブズセンター資料、中南部抗戦行政委会資料群、資料第2670号

第4章 保存資料の収集と管理

a/ 平和樹立後の保存資料の接収と管理

ディエンビエンフーの歴史的勝利ののち、フランス軍は各都市、町、村から撤退しなければならなかった。新たに解放された都市の接収は緊急で差し迫ったものであった。1954年の7月1日と7月3日に続けて党中央委員会事務局は、新たに解放された都市の接収と管理についての二つの指示を公布した。その中で、党は傀儡政権（ベトナム共和国）（1955～1975年、いわゆる南ベトナムのこと。アメリカの後ろ盾で樹立され、その後も支援を受けたため北側からこう呼ばれる：訳者注）の職員と警察に書類と資料の保存についての命令、すなわち機に乗じて資料を毀損したり盗んだり、頑なに提出を拒む者が出ないようにし、またそれらを罰するという命令に従うように呼びかけた。事務局の指示は、すぐに取り組むべきこととして「各官庁と資料の保護など」を明確に示した[22]。この正しく時宜を得た方針によって、書類と資料は比較的安全に保存され、軍隊や役人が敵の資料を焼き捨てることや敵が資料を廃棄したり盗んで持ち帰ることを軽減することができた。

b/ 抗仏戦争期における党とベトナム政府の活動を伝える重要資料の収集、収蔵

前章で述べたように、秘密裏に行動しフランス植民地帝国と戦っていた時期には、そのような特別な必要性と環境のため、資料は多くの場所に避難し、山の洞窟に保管したり、民間で保護しなければらなかった。抗戦の時期にベトナムは、各国の共産党と友好国からの物心両面での支援と援助を受けた。このような支援と協力についての文書や資料は一部ベトナムでも保管されているが、多くは現在外国で保管されている。それゆえに平和が回復してから、これらの資料は収集され、補充され、収蔵され、国家文書館あるいは地方の文書館に保管されて、利用に供する必要があった。このような党とベトナム政府の方針は具体化されてすばらしい成果を挙げた。具体的には以下の通り

---

[22] ベトナム共産党『党文献全集』、2001年、国家政治出版社、ハノイ、第15集、143ページ

である。

　＊ベトナム共産党の活動についての資料の収集

　1954年、党中央委員会文書館が設立され、党の歴史についての資料、ベトバックの根拠地から移されてきた党中央委員会の資料と北部に集められた南部各地区の委員会、省委員会の資料を受領し保管することをその任務とした。1958年、ベトナム共産党中央委員会はソ連共産党委員会に手紙を送り、インドシナ共産党とホーチミン主席についてのソ連の文書保存組織に保管されている資料の提供を提案した。ソ連共産党によってベトナムの文書館に多くの貴重な資料が移された。それらは指導者であったグエン・アイ・クォック（ホーチミンの以前の名前：訳者注）とベトナム共産党の革命戦士の先人たちの20世紀の20，30年代における活動を物語るものであった。

　1959年、中央委員会事務局の通知第259-TT/TW号によって、新時代における文書保存業務の喫緊の任務は、まだ民家で保管されていたり、基地に避難させていたり、個人によって保存されているような党機関の保存資料の収集と保管作業を推し進めることであるとされた。その方針を実現するため、党中央委員会文書館はベトバック基地と抗戦の時の疎開地から資料をハノイに移した。また以下のような資料を受領し、集中的に管理した、それは党の1945年以前の保存資料、ベトミン戦線、解放区臨時委員会、1939～1945年の軍事革命委員会の資料、第2回全国党大会の資料、内外の敵に対して国土を維持し人民民主政権を強固ならしめるための戦い（1945～1946年）における党の指導についての資料、フランス植民地帝国とアメリカの干渉に対する戦い（1946～1954年）における党の指導についての資料などである。

　1962年、党中央委員会は、事務局直属の中央党史研究委員会の設立についての1962年1月21日付け政令第41-NQ/TW号を公布した。この委員会は党の歴史についての資料、文献を収集、収蔵、検証し、保存、保管するという重大な任務をもっていた。その数年後、中央党史研究委員会は歴史資料リ

第4章 保存資料の収集と管理

ソースの収集、収蔵、検証、鑑定作業を重視したが、その中には保存資料も含まれていた。委員会は多くの党の資料と文献収集、収蔵を行ない、高い研究価値をもった多くの貴重な資料を収集した。資料と文献の収集、収蔵とともに、党の資料と文献の公開、紹介も行われた。

しかしながら、多くの努力が払われたにもかかわらず、このリソースの保存と保管にはまだ足りない点が多かった。若干の党の組織がまだこの事業の意義を認識していなかったため、若干の場所で指導が徹底されておらず、資料の収集、集中、管理と利用の制度がまだ具体的に規定されていなかった。このため、党の若干の資料が散逸、紛失し、朽ち、破損してしまった。抗戦時代とそれ以前の時期の資料は反動的な資料であるとみなす考えのために、それらを破棄するところまであった。

このような不十分な点を克服し、歴史の研究、編纂と革命を指導した経験の総括をするため、党中央委員会事務局は、党の歴史とベトナムの革命史についての文献や資料、物品を集中保管することについての1971年1月4日付け指示第187-CT/TW号を公布した。党史の研究とベトナムにおける革命の総括を行なうにあたり、党が文献を深く分析した結果、事務局は党史の文献、資料の収集、集中管理、保護は重大であり、喫緊の問題であると認識したのである。この指示を実行するため、党中央委員会文書館は収集活動を推し進めるとともに、党の前身組織の活動を記した、特に希少な保存資料のコレクションを構築した。その資料とはベトナム青年革命会（1925年6月から1930年2月）、新越革命党‐インドシナ共産連団（1924年から1930年2月）、アンナン共産党（1929年10月～1930年2月）についての資料や1930年2月3日の党設立会議と党の第一回大会（1935年3月）についての資料、またベトナム共産党のインターナショナルや他の共産党に対する関係についての資料、解放区の臨時委員会と軍事革命委員会（1939～945年）の活動についての資料、北圻、中圻、南圻の地方委員会の活動についての資料、そして1925年から1945年までの党の活動に関する旧政権とフランスの密偵機関

の資料などである。

＊軍隊の活動についての資料の収集

1956年から1963年までベトナム人民軍参謀総省は抗仏戦争期の軍事に関する書類の保存と収集、維持業務の整備についての多くの文書を交付している。なぜならこの時期の資料は当時、以前の抗戦の各単位、各基地に分散してしまっていたからである。参謀総省は抗戦期の軍の全ての価値のある文書と資料を国防省事務局文書館に収集する方針を立てた。それはつまり多くの職員をまだ各地の抗戦基地に散り散りになっている資料の収集に派遣し、資料室や軍博物館のいくつかの重要な文書と資料の原本を回収して軍のアーカイブに集中保管する、ということであった。これにより、軍のアーカイブは多くの価値ある資料を収集、収蔵し、抗仏戦争時代の軍の歴史の研究に資することができた。

＊政府機関の活動に関する資料の収集

この時期、首相府文書局所属中央文書館は中央省庁によって提出された1945〜1954年の時期の人民民主政権の活動を物語る多くの価値ある保存資料を収集、収蔵、受領した。それらは例えば以下のようなものであった。

－国会事務局は、ベトナム史上初めての総選挙（1946年1月6日）の進行過程と結果についての書類と資料や国家の会議と国家常務委員会の資料、1946年憲法の作成過程についての資料、抗戦と建国の指導についての国会の重要資料と議決（そこにはホーチミン主席と他の党や政府の多くの高級幹部たちの重要な手書きの文章が残されている）を提出した。

－首相府官房は2,614の書類を提出した。そこには1945年以降の臨時政府、政府会議、最高国防委員会の活動を記録した資料が含まれていた。その中には、特に重要以下のような資料があった。ベトナム民主共和国臨時政府主席の初期の布告（例えばハノイに戒厳令を敷くことについての1945年9月1日付け布告第03-SL号や、人頭税（封建時代の植民制度の不公平な税）の廃止についての1945年9月7日付け布告第11-SL号、ベトナ

ム民主共和国政府会議の初めての会議（1945年9月3日）の記録、ベトバック基地の情勢に関する報告（1949～1952年）、フランスに対する1000日抗戦（1946年12月19日～948年12月19日）（1948年6月11日ホーチミン主席が対仏全国抗戦1000日を記念して声明を発表したことからこの期間を特にこう呼ぶ：訳者注）と8年間の抗戦についての最高国防委員会、政府と中央官庁、全国の連区、省、都市の総括報告、党と政府が抗戦を指導し、土地改革を行い、敵に対し経済的闘争を行った過程についての資料、焦土作戦の方針を実行している時、敵の行軍を阻むため堤防を決壊させる方法を指南するためにホーチミン主席自らの手で描いた資料、フォンテーヌブロー会議とジュネーヴ会議、そしてアメリカのベトナムとインドシナへの干渉の過程を物語たる資料などである。

このような積極的方針により、1975年までに基本的には革命の歴史と党の歴史についての資料は収集され、党と政府の文書館に集中保管された。これは大きな成果であり、1954年以降の党史とベトナム民族史の研究活動に資する豊富な歴史資料リソースを構築することに重大な貢献をした、といえるだろう。

c/ 旧政権の残した資料の収集と管理の継続

旧政権の保存資料とは封建時代のベトナム政府（1945年以前）の資料とフランス植民地政権（1858～1945年）の資料のことである。政治変動が起こるまではこれらの資料はずっと阮朝の文書館あるいはハノイ、フエ、サイゴンのフランス植民地政権の文書館に保管されていた。

しかし、平和が回復される年（1954年）の前後の時期に、これらの旧政権の資料はそのかなり多くが失われた。1953年12月の統計によると、ハノイ中央文書館に保管されている旧政権の資料は221,764のナンバリングされた書類と、169,495のまだされていない書類、そしてその他の11,971の冊子であった。ベトナムから撤退するとき、フランス植民地主義帝国は、重要な資料を選び1000箱（ひと箱40～50kgほどの重さだった）もの数を持ち

帰った。その中には、1857～1884年の都督文書群資料の大部分である4,618の書類、フランス軍文書群の資料の1,883の書類、インドシナ総督府文書群、北圻大使府文書群の資料の一部、そして地理局文書群の資料があった。革命政府が首都を接収したとき、ハノイ文書館は管理制度をもっていなかったので外部の人間が入って研究資料を探したり、あるいは貸しても返ってこなかったりということが多々あり、少なくない資料が失われることになった[23]。古い資料は多くの役所で深刻な被害にあった。資料をメモ用紙に使ったり、封筒にしたり、かまどで燃やしたりする所まであった。地主や資産家のところにあった封建時代の資料は多くが焼却されたが、それは特に租税軽減政策を実行した時と土地改革を実行した時、すなわち1953～1955年に顕著だった。これはベトナムの保存資料にとって、取り返しのつかない大損失だったといえる。

　このような状況を前にして、党とベトナム政府は旧政権の残した資料の保存、収集、集中管理のための方針と対策が早急に求められていることを認識するに至った。1955年4月20日、ハノイ文書館に保管されている古い書類と資料の保存に関する告示第426-TT/NC号の中で、宣伝省は以下のように明確に述べている。「これらの資料はフランス植民地政権のものであれ、旧政権のものであれ我々に残されたもの、すなわち我々の国家財産に属するものである。それは歴史、組織や国家建設などの研究の助けとなるため、中央図書館にこれらの書類すべてを保存、保管させる。」

　1962年、文化省所属文書館が文書保存局に移管され、名をハノイ中央文書館としてのち、集中管理するため、多くの中央官庁にある旧政権の資料の収集と収蔵が引き続き推し進められた。そのおかげで、多くの努力が払われたのち、ハノイ中央文書館は、旧政権の主要な資料群を収集、管理することができた。それらは具体的には以下のようなものである。

---

[23] レ・スアン・フォン「中央文書館のある書庫の資料の概括的内容」『文書保存業務研究資料』1968年3号、14-19ページ。

第4章 保存資料の収集と管理

一封建時代の資料群：阮朝と若干の阮朝以前の政府の各機関の下でつくられた全ての資料。明命帝時代から文書保管業務はきちんと行われるようになったので、阮朝の資料はかなりまとまった形で残されていた。阮朝以前の資料は、最も早くは黎朝期のものであったが、極めて少数であった[24]。それに加えて、民間で発見された若干の特別な資料のコレクションがある。民間に保存されている多くの漢喃資料（「喃」は字喃（チュノム）；ベトナム語を表記するために漢字を応用して作られた文字、のことを指し、「漢喃資料」はチュノムによって書かれたベトナム語の資料に漢文で書かれたものを含めた資料の総称：訳者注）の価値を認め、1963年12月13日、政府首相は漢字や字喃による本や文化的資料の保護、管理についての指示第117-TTg号を公布した。この指示は、これが重要な作業であるとして、担当機関が必要な対策をとり、情報資源を保護、管理することを求めた。必要な対策とは、政府が国民に資料を提供するか妥当な価格で売却するように訴えかけ、そう促すこと、国に貴重な資料を提供した人、あるいは国の求めに応じて個人の所有する資料のコピーに同意した人を顕彰する名簿をつくること、地簿、地志、臣譜などの公共の所有に属する資料を国が統一的に管理できるように収集すること、漢喃資料の売買と使用をきちんと管理することなどであった。このような方針と政策を実行するため、民間に保存されていた資料の多くが収集され、文書館で保管された。その中には多くの極めて貴重な歴史的価値をもつ資料があったのである[25]。

---

[24] 現在まで保存されていた黎朝の最も早い資料は洪徳十九（1488）年11月21日に出された礼部（黎の聖宗のとき）の文書である。これは、タインドー府、ザークアン州、ヴァンルン（現在のタインホア省、クアンホア県）の人、ファム・ナムに出された証明書であり、彼を施関防御僉事、司防御使に任じ、タインドー府、チャウタムに属する要衝の山岳地帯を監督する仕事を担わせた。これは、内容、言語、制作技術、印璽などの多くの面で価値を有する希少な文書であり、現在ベトナムの全ての文書館の中で最も古い文書であるとみられている。

[25] この時期、以下のような多くの貴重な資料が収集、収蔵された。景興一（1740）年から保大七（1932）年までの収税、商業・交易と森林資源の開拓の状況を記録した1959年にヴィンリン県（クアンチー省）で収集されたヴィンリン資料のコレクシ

フランス植民地時代：行政管理資料と、科学技術資料。行政資料は量が最も多く、都督－総督文書、インドシナ総督文書、北圻大使文書、ハノイ長官文書などの代表的な保存資料があり、それらは政治、経済、軍事、文化－社会の面での価値の高い多くの資料を含んでいた。科学技術資料群は、建設省、運輸省、水利省が提出した1945年以前の北圻工政局とインドシナ工政監査総局の活動を記した資料である。この資料群は主に運輸、水力発電、水利関係の建築物と他の多くの民用の建築物の設計、建設、調査、測量の資料である。

d/ 南部における党と政府機関と民間団体の資料の収集と管理

1954～1975年の時期は、ベトナムが分断され二つの地方に分かれていたという意味において特別な時代であった。1954年以降ジュネーヴ条約の精神に従えば、停戦の後、フランス植民地帝国は完全に撤退し、1956年までにベトナムは全国で総選挙を行うことになっていた。しかし、これは実現しなかった。なぜなら、アメリカ帝国が南部に干渉を始め、ゴ・ディン・ジエム政府を立てたからである。このため、ベトナムは再び、更に20年（1954～1975年）もの抗米戦争を継続することになったのである。このような背景の下、党とベトナム政府は適宜方針と対策を立て、南部における保存資料を管理した。その方針と対策は具体的には以下の通りである。

ョン。これは、ベトナム史の多くの面で研究価値を有していた。例えばこの中には、18世紀終わりの西山農民の起義運動についての研究に不可欠な資料などがある。
あるいは、ゲティン省（現在のハーティン省）、フォンヴィン社、タムフック村のチャン・ヒェウ一族の礼拝堂にあった貴重な資料コレクション。このコレクションは8集からなる1619年（永祚一年）から1858年（嗣徳十一年）までの300以上の文書をもつ。資料の内容は要衝の辺境地域における政治、経済、軍事、外交、宗教、文化など多くの面を物語るものであり、その中にはベトナム－ラオス国境の安全保障の状況、土地、徴税、地方の朝廷に対する貢納制度、ベトナム－ラオス2か国の各地方間の関係などについての希少な資料であった。特にこのコレクションの中には、西山期の泰徳、光中、景盛三朝（1778-1802）の資料があり、義勇兵を募り、軍隊、兵器、兵站を準備して清の侵略軍をたたき、国境の基地を防衛したことや、西山党の征討軍に従った史家や家臣の名簿、1973年からの景盛の年号を定めた光中帝が出した詔勅などについて記録している。

一一つ目：南部の保存資料を移動、管理して、北部に集める。

　これは、重要な方針であり、資料を維持し、安全に保護し、敵の手に渡らないようにするものである。長い間、これらは南部の情勢を研究し、南部の革命と国の統一事業の助けとなる資料であった。

　この方針を実現するため、南部の各地方は北部に移動する書類と資料を選別し準備するための極めて具体的な施策を実行した。1954年9月19日、南部抗戦行政委員会は北部に移す資料と南部に残す資料の選別をする際のルールと方法を規定した指示を公布した。この指示によると、北に送られ集められた資料は、長く研究する意義があり、革命勢力の防衛と敵との政治闘争、そして国が統一されたのちに南部の経済の復興と再建に役立つ資料であった。それらは次のようなものである。南部の手工業者、農民、知識人の闘争運動に関する資料、研究に値し、それぞれの時期の革命闘争の教訓を引き出すことのできる資料、主に、組織や職員の業務に関する資料、敵方の罪悪を物語る資料、歴史的事件、人口、土地、プランテーション、インフラの状況についての基本資料と基本データ、南部の医療と教育の成果を物語る資料、南部における抗仏戦争期の重要な会議の報告、プログラム、記録、議決など。北部に集め整理して、それぞれのファイルや資料の包みに通し番号をつけ、必要な時の利用、活用に便利なようにした。南部に残された資料については、後の使用のために慎重に隠すように秘密の組織に託されたものもあれば、絶対に敵の手に落ちないように廃棄されたものもあった[26]。

　このような時宜を得た適切な方針があったことで、ベトナムはいくらかの資料を中部と南部から北部に移動することができた。南圻地方委員会（1930～1950年）、南部中央局（1951～1954年）、中部と南部の地区委員会などの南部の党機関の資料は北部に送られ、党中央委員会事務局所属文書館において集中管理された。中南部と南部の抗戦行政委員会のような南部

---

[26] 『南部抗戦行政委員会の1954年9月19日付け指示第34/CT-54号』、国家第3アーカイブズセンター、南部抗戦行政委員会文書、書類74号

の政権機関とバックリエウ、カントー、ロンチャウハー、ロンチャウサー、ミートー、ザックザーなどのようないくつかの省の資料は内務省と他のいくつかの省庁に送られ管理された。

　これらの資料をきちんと管理するために、1959年4月18日、政府首相は、告示第1698-G1号を出し、集められた南部の書類と資料を保管する業務を調整する中央官庁に送付した。この告示の中で、政府首相は「これらの書類と資料は、南部の活動の様々な面を含み、党と政府の指導、そして南部の同胞の英雄的闘争精神を記したものであるため、特に重要なものである。現在、これらの文献は南部の情勢の研究にとって必要なものであり、今後、統一後の南部での事業にとって大きな影響をもつだろう」と明確に指摘している[27]。

　一方、南部では、党と政府の方針を実現するため、南部地方委員会と南部中央局は、南部における文書保存業務に常に取り組み、指導を行い、また、南部の党の各組織、戦線、政権と解放軍における書類と資料の維持、保護を直接指導した。この時期、南部地方委員会（1954〜1960年）、その後それを継いだ南部中央局（1960〜1975年）と南ベトナム共和国革命政府は、文書保存についてその業務を補助する部署を組織し、党の各組織と政府に日常的に書類と資料の維持と保護に取り組み、敵の手に渡らないよう、また資料が朽ちたり破損したりしないようにさせた。

　1964年に、南部中央局は指示を公布し、基地の安全を保護し、公安業務を強化することについて議論する会議を開いたが、その中には党の資料と秘密を保護するという問題も含まれていた。この重要な指示の中で、中央局は、機密とは敵を倒し、党を守り、革命政権を守る最も鋭い武器であり、南部解放事業の成功にとって決定的な性格をもつ要素である、と定義した。中央局はそれぞれのレベルの公安委員会に対し以下のような具体的な方策を用いて徹底的に資料の保管、保護を実行すべきことを打ち出した。公安に関わる兵士は、全ての公安分野の資料が機密資料であり、すべてきちんと保護されな

---

[27] 『文書局』、前掲書、29ページ。

第4章 保存資料の収集と管理

ければならないと、明確に意識する必要がある。すでに知れわたった資料で、保護する必要がない、あるいは保護できないと考えられる場合は、回収するか破棄しなければらならない。全ての資料は保管記録がなければならない。うまく資料を隠すための避難所をつくらなければならない。党の秘密を漏らした職員と兵士は厳格に取り調べて裁かなければならない[28]、といったものである。

　1968年のテト攻勢のすぐあと、つまり南部における抗米戦争が新しい局面に入ってきたとき、アメリカ帝国の「戦争のベトナム化」勢力を破り、南部の完全開放を呼びかけながら、政府首相は、首相府文書局に、緊急に「南部に対する文書保存業務の提案」の文書をつくるように指導した。この提案の中で、文書局は南部の保存資料が重要であると認めている。植民地時代のフランス政権の資料、1945年以前の各封建王朝の資料、1954年以降のサイゴン傀儡政権の資料、党の各地方組織、戦線、南部の革命政権の資料などの情報資源の全面的な分析の上に立って、この提案は、南部の文書保存に対して以下のような必要な方針と対策を打ち出した。それは、南部のために文書保存職員を養成する、早期に専門部署をつくり、南部に専門職員を派遣して文書保存状況を把握し、解放民族戦線と南部解放軍司令部にアドバイスして、中央直轄市、省都、県都や文書館に攻撃を行う場合は書類と資料をきちんと保護すべきこと、敵に資料を持ち帰らせないこと、などである。

　このような方針と対策により、南部の地方委員会、中央局と区委員会、省委員会の資料の一部が極めて厳しい戦争という条件下でも安全に保存、保護されたのである。いくつかの地方においても多くの貴重な資料が保存された。ロンアン省委員会だけで、キエントゥォン省委員会（1971〜1975年）とロンアン省委員会（1972〜1975年）の資料を保存しているが、その中には抗米戦争末期（1971〜1975年）における党の指導活動を記録した南部

---

[28] 党歴史院『南部地方委員会と南部中央局の歴史年代記』、2002年、国家政治出版社、ハノイ、464ページ。

中央局、区委員会、分区委員会と省委員会、方面司令部などの重要な指示、通達、報告などが含まれていた。1975年、南部の完全解放計画の中で、党中央委員会と委員会事務局は敵の最後の巣窟に攻撃を行う場合の資料の保護について南部の区委員会と省委員会に電報を打った。

　しかしながら、厳しい軍事情勢と戦時下における書類と資料の保管、保存環境は困難を極めたため、多くの省、都市の保存資料とそれぞれのレベルの党委員会、革命政権と旧政権の資料はどれも十分には残されていない。多くの県や社では資料はほぼ何も残っていない。このことは極めて大きな損失であり、後の南部情勢と党と同胞、南部の戦士たちの勇敢な抗米戦争の歴史研究に少なからぬ困難をもたらしている。この損失について、南部中央常務委員は1975年8月5日付け決定第09-QĐ.75号の中で以下のように正当に評価している。「極めて厳しく困難な戦争状態のため、我々の多くの活動は書き留められることなく、多くの保存資料が失われた。我々が接収した文書庫とアメリカ・傀儡政権の機関の資料はまだ十分な注意が払われておらず、未整理のままであり、あまつさえ廃棄されたり紙として売られたりさえしている。これは取り返しのつかない損失であり、敵に資料を毀損したり盗んだりさせておく隙を与えている[29]。」

　e/ アメリカ帝国の北部破壊戦争(1965～1973年)下での保存資料の保護

　南部がアメリカ・傀儡政権に直面しながら戦わなければならなかったとき、北部ベトナムでは爆弾によるアメリカの壊滅的戦争に苦しまなければならなかった。このような環境下では、時宜を得た方針と対策なしには書類と資料は散逸する深刻な危険があった。

　情勢に対処し、保存資料への損害を予防、低減するため、1964年4月2日、政府首相は指示第24-TTg号を公布し、各機関、組織に対し、「書庫を偽装隠ぺいし、機器や資料を保護し、火薬や可燃物を遠ざけなければならない。書

---

[29] 『文書局』、前掲書、88ページ。

第 4 章 保存資料の収集と管理

類の分類を行ない周到な保護計画を立てる必要がある。」と指示した[30]。

これに続いて、1964年6月8日、政府会議は、空爆からの避難業務についての決定第100-CP号を公布し、その中で以下のような保存資料を保護するために必要な方針と対策を明確に打ち出した。それは、党と政府の資料を保護するための避難所を建てる、各機関、企業は責任をもって資料の分類、保管、保護を行ない、厳しい戦争が起こりそうな状況下での不測の事態に遅れをとらずに対応できるようにしなければならない、というものであった。

アメリカの狂気の戦争行為と邪悪な企みに対抗するため、1965年5月7日、共産党中央委員会事務局は機密の保護とスパイ防止業務の強化についての指示第96-CT/TW号を公布した。その中で、その業務を敵の破滅的戦争を完全に打ち砕くことに貢献する重大な任務であるとみなした。また党中央委員会事務局は、各支部、各委員会が保存資料の中の党と政府の機密を守る方法を建議するように指示した。

人、財産、書類や資料の避難はホーチミン主席も特に注意を払ったことであった。1966年7月10日ニャンザン紙上に掲載された「我々はうまく避難しなければならない」という文章の中で、ホーチミン主席は「うまく避難することは、防空に、また完全勝利までの抗米救国事業にとって有

写真：安全区に建設された文書館（国家記録管理・文書保存局所蔵）

---

[30] ヴー・ズォン・ホアン「アメリカの壊滅的戦争時における資料の安全な保護を担った文書保存分野」『ベトナムアーカイブズ』第2号、2001年、54ページ。

効な貢献となる[31]。」と明確に述べている。

空爆からの避難、戦時下における保存資料の安全な保護の方針を実行するため、1964年6月22日、政府首相はベトバックに秘密文書館を建て、党中央委員会、政府会議、政府機関、中央とハノイの人民団体の書類と資料の避難、保管を決定した。文書館は強固に造られ、その面積は3,000㎡であった。それは約10年間の使用に耐え、飛行機からの機銃掃射にも耐えられ、特殊部隊の突入に対抗できるような十分な条件と対策を施し、防火、防カビ、防湿の設備を備え、困難で苦しい避難の状況下において、文書保存職員に対して仕事に必要な環境を与えた。

中央と地方の各機関の何百トンもの資料が、以前のベトバック基地地区とその他の地点の安全区に移送、避難された。そこで、保存資料は、除湿器や空調などかなり現代的な方法と、火で乾かしたり、紙で包んだり、ビニールの袋で包んだりといった簡単な方法を組み合わせて保管、保護されていた。この時、何百もの文書保存職員が日夜秘密裏に資料の収集、分類、安全な保管を行っていた。文書館の建設と移動、避難の過程で、党中央委員会、ホー主席、ファム・ヴァン・ドン首相と他の多くの指導層たちは、文書館の建設を常日頃から関心をもって見守り、指導し、確認していた。そして疎開地の極めて厳しい条件下で仕事をしている文書保存職員たちを鼓舞した。

アメリカ帝国の北部破壊戦争の間の保存資料の安全な保護、保管は、ベトナム文書保存分野の最も輝かしい歴史の一ページであった。この年月に文書保存業務に携わった人々の功労、貢献は本当に自賛するに値するものであり、設立30年記念にあたっての政府文書局の評価にふさわしいものであった。その評価とは、「何年とも知れない長い戦争中、村落は敵の爆弾で灰燼に帰し、草木も生えないと思われたが、保存資料は安全に保護できる場所に送られたのである。何人とも知れない多くの文書保存職員が、資料のために身を

---

[31] ホーチミン博物館『ホーチミン―出来事』、理論通信出版社、ハノイ、372ページを更に参照のこと。

第4章　保存資料の収集と管理

粉にして、爆弾にも決して臆することなく、連夜穴倉や洞窟で寝ることも辞さずに資料を維持した。」[32]

　1954～1975年の時期は、困難で激烈な戦争という環境下にありながら、ベトナムの文書保存は保存資料の収集と管理において特別な成果を挙げたのである。十分に残すことはできなかったが、この時期に収集、管理された資料は、今に至るまで極めて貴重な財産となってきた。長期的な視野、時宜に適った方針と対策、幾人もの功労と犠牲、それらがなかったならば、この資料が存在して、現在そして明日以降に過去を振り返り、評価し、尊重し、誇りにする根拠を与えてくれることはなかっただろう。

4.3.3. 1975年から現在（2014年）まで

　南部を解放し、国土を統一したのち、ベトナムは国土復興事業を開始した。しかし、実際は、ベトナムはまだ南西国境と、北国境での別の二つの戦争（1978～1979年）に対処しなければならなかった[33]。そのころ、南西国境と北国境の多くの省はひどく破壊され、直接的な脅威が保存資料の安全の保護業務にも迫っていた。1945～1954年の数年と、アメリカ帝国による壊滅的戦争に抵抗していた1965～1973年の時期における、保存資料の安全を保護するための避難と、移動の貴重な経験から、党とベトナム政府は強く警戒して早くから保存資料の安全を保護する方針を立てていた。敵勢力の侵略の企みを前にして、戦争の起こっている地方では、党と政府の機関が率先して資料を移動させるか、あるいは戦って資料を保護する準備をしておくという方針を立てた。厳しい戦時状況において、保存資料は安全で、秘匿された、必要な保管の手段のある土地へ移された。ハノイ中央文書館や多くの中央官庁の最も重要な資料が何千箱も緊急に、安全に、また秘密裏にホーチミン市に移された。北方の国境の省では反動主義者が巨大な軍事勢力を率いて

---

[32] 国家文書保存局「記録管理・文書保存業務の30年来の成果の活用、革新の実行、質の向上」『ベトナムアーカイブズ』、1992年3月、1ページ。
[33] 南西国境での戦争はカンボジアの反動政治勢力（ポル・ポト）によって起こされた。北国境での戦争は中国の政権が発動したものである。

何千キロにもわたって国境を侵したが、ベトナム人民軍は激しく反撃し、領土の一体性を保った。党委員会執行部と各等級の人民委員会の保存資料はきちんと保護された。資料は安全に維持され、相手方に盗まれたり、毀損されたりしなかった。国境戦争における保存資料の保護は、民族の文化遺産を保護する意識を確認させ、同時に戦争状態におけるベトナムの保存資料保護の困難並びに教訓を伝えている。

戦争が終結して、80年代から、ベトナムはやっと本当に平和な環境を手にし、国の建設を行った。40年近くに渡って、極めて多くの重要で急を要する仕事の解決に集中しながらも、党とベトナム政府は保存資料の収集と管理の問題に特別な関心を払ってきた。以下は、この分野における対策と成果である。

a/ 党文書保存機関の資料収集と管理活動

ベトナムの特殊性により、ベトナム共産党の文書保存システムは比較的独立的に組織され、その任務は党組織系統中の機関と組織の資料を収集し管理することであった。このような役割と任務に伴って、1975年から現在に至るまで、党文書保存機関は保存資料の収集、管理において、多くの対策を実行し、多くの成果を挙げてきた。具体的には、以下の通りである。

――一つ目：南部における党機関と組織の資料収集と集中管理。

南部解放の日から、党文書保存機関によって重視された初めの重要な任務の一つは、南部中央局と南部の区委員会が抗米戦争終結後に保存していた資料の収集と集中管理であった。「区を廃止し、省に編入する」際の書類と資料の保存事業についての1975年10月25日付け通知第323-TT/TW号の中で、党中央委員会事務局は、任務が完了し解体した後の南部中央局と南部の区委員会の資料はどちらも党中央委員会事務局に提出するように定めた。この方針を実現するため、党中央委員会文書館は職員を南部の各地方に派遣した。彼らは、解体された南部中央局と南部の区委員会が直接引き渡した資料を受け取ることもあれば、南部の省委員会、直轄市委員会の文書保存分野と協力

し、中央局が抗米戦争の際に各地方に送った資料を選び、党中央委員会事務局の文書に加えることもあった。このため、短い時間で中央局と南部の区委員会の全部の資料が党中央委員会文書館に接収された。このことは重要な意味をもっている。なぜなら、これは、抗仏、抗米の二つの戦争における南部の革命の歴史と南部の党委員会の歴史についての貴重な史料の情報資源を機を逃さずにコレクションに加え、管理したということだからである。

　一二つ目：党機関、組織の毎年の活動においてつくられる資料の収集と管理の継続。

　南部解放のあと、事態は徐々に安定していったが、文書保存機関の活動もまたそうであった。統一的な集中管理の原則を実現するため、毎年の定期的な資料収集の制度がより継続的に実行された。例えば、1988年にはまだどの党の委員会も資料を提出しなかったが、1995年になると16分の9の機関が1986年より以前に期限が切れた資料の党中央委員会文書館への提出を行った。1997年の報告によると、党中央委員会事務局の決定第20-QĐ号が出されてから10年（1987～1997年）後、党中央委員会文書館だけで13,000組の資料をもつ114の文書群とコレクションを集中管理した。

　10年間（1987～1997年）の成果を評価したあと、1998年4月、ベトナム共産党中央執行委員会常務政治部は公示第128-TB/TWを公布した。その中には「ベトナム共産党文書の一部を成す保存資料を党中央委員会文書館、各委員会、省、都市、郡、県の文書館とホーチミン共産青年団中央文書館に集中」すべきである、という方針が盛り込まれていた。

　2000年、すなわち、党中央委員会事務局の決定第20-QĐ号が出されてからの10年と常務政治部の公示第128-TB/TWを総括する会議の結論が出てから2年後、中央から地方までの党の保存資料の集中管理はより強力に進められ、明確な成果を残してきた。党中央委員会事務局文書保存局は党中央委員会文書館に党中央委員会の活動に関する1,435組の資料、2,090の写真、録音テープ、ビデオなどを更に接収した。党中央委員会文書局の報告によると、

2009～2010年の2年間に、局は4,260組の資料、党の機関、組織が提出したビデオテープにいたるまでを接収したが、その中では、300組以上の党国外幹事委員会（現在の党国外委員会、国外の党組織と党員に対する党の業務を担当：訳者注）、中央文化思想委員会と中央対外委員会の資料、400組近くの党の指導層、党中央事務局の指導層個人の資料などがあった。

―三つ目：国外と国内での資料収集の実行

活動の過程で、ベトナム共産党は世界中の共産党と関係をもってきた。特に、ホーチミン主席は共産党の偉大なリーダーであり、かつて国外で多くの活動を行った。そのため、ベトナム共産党のアーカイブズの資料の一部に加えるため、また同時にホーチミン主席についての資料を統一的に管理するという方針を実現するため、中央委員会事務局（第7課）と常務政治部（第8課）は党中央委員会事務局文書保存局を指導して国の内外で資料の収集を行わせ、また、それがこの時期における文書局の中心的な任務の一つであるとした。それによって、短期間のうちに、党中央委員会文書館は20,000ページに及ぶ党、ホーチミン主席と指導層の先人たち、そして南部の中央局と区委員会の資料を加え、その中にはロシア国家アーカイブズの12,000ページのコレクションも含まれていた。これは特に希少で、ベトナム共産党文書とホーチミン主席個人文庫の資料群に加えられるべき高い歴史的価値をもった資料である[34]。

―四つ目：地方の党文書館に加える資料の収集

党中央委員会文書館の他に、全国の各地方（省、県）には文書館がある。戦争のせいで、解放後も南部の多くの省委員会や直轄市委員会は抗米戦争と

---

[34] 1989～1991年の3年間、党中央委員会事務局文書局は120組の資料を収集し、それはホーチミン主席所有の、またホーチミン主席に関する25,795の紙の資料、300の写真資料、3つの録音テープがあった。また、1991年から2008年までに、国内において、11,000ページ以上の資料と600近くの写真資料を収集した。2010年から2012年まで、30,000ページ以上の資料と200の写真資料を、フランスのアーカイブズから収集した。

第4章 保存資料の収集と管理

それ以前の時期の資料を保存していなかった。そのため、南部の党委員会が抗仏戦争（1945〜1954年）と抗米戦争（1954〜1975年）の二つの戦争中の欠けている資料の補充を助けるため、党中央委員会文書館は地方の委員会が以前に送ってきた資料から選択を行ない、複写して50,000ページ近くを提供し、省委員会の文書館に補充した。この方法によって、いくつかの南部の省委員会の文書館は、以前の時期の保存資料を揃え、地方における研究のニーズに応えることができる環境を整えることができるようになった。

それに加えて、地方委員会の文書館は省委員会直属の委員会と青年団の資料を収集し加える任務を新たに与えられた。10年間（1987〜1997年）だけを計算しても、省委員会の文書館は、30,000組近くの資料をもつ196の文書群を収集し、収蔵し、科学的な整理、分類を施し、17,000組の資料を長期保存することとした。その後数年、省と直轄市の委員会は資料の収集作業を続けた。そのため、2000年には、8,047組の資料を受け入れ、2004と2005年の2年間で、2,284メートル書架（mét giá: 資料を書架に並べたときにその長さが1メートルとなるくらいの資料の数、1メートル書架＝約10組の資料：訳者注、内務省通知第03/2010/TT-BNV号参照）分の資料を受け入れ、それは、2001〜2003年の3年間に比べて、1.5倍も増えた。文書館に受け入れられた資料は、評価、補修・複製と整理、科学的な分類がされて、確実な管理と、便利な利用・活用ができるようになった。このような活動は、「ベトナム共産党文書の基本的で最も重要な部分、第一に党大会の資料、委員会の資料は各委員会の党文書館に集中管理する」[35]という指針に従った保存資料の集中管理という方針の実現に貢献した。

b/ 政府文書保存機関の資料収集、管理活動

1975年以降、国家文書保存局の規定に則り、中央から地方までの文書保存機関は積極的に保存資料の収集、管理を推し進めていった。

---

[35] 党中央委員会事務局、『ベトナム共産党文書についての党中央書記局（第6課）決定第20-QĐ/TW号実行の10年総括報告』3ページ。

ベトナムアーカイブズの成立と展開

　国家アーカイブズセンターにおいて、資料の収集と管理は、日常的にまた積極的、自主的に行われた。収入源を確保しながら、各々のセンターは資料収集の計画を立てると同時に、受け入れた資料をよりよく管理するため文書庫のシステムを強化した。注意すべきことは、行政管理資料と科学技術資料に加えて、この時期にそれぞれのセンターは、以下のような他の種類の資料まで収集、収蔵の範囲を拡大した。それは、フィルム・写真資料、録音・録画資料、文学ー芸術資料、個人・家族・宗族の資料などである。

　各センターで収集、管理された録音資料の中には、国の重大な出来事を記録した資料もあった。例えば、1945年9月2日のホーチミン主席の独立宣言を録音したもの、1946年7月15日、ホー主席がパリのベトナム人移民に語った際の録音、ホー主席の1946年12月19日の全国に向けての抗戦の呼びかけと1955～1969年までの国の他の重要な活動においてのホー主席の発表などである。この資料群の中には、党大会、国会、国内そして国際的なハイレベル会議、党と政府の代表団の外国訪問、訪越した外国のハイレベル代表団の接待など、重要な出来事を直接録音したものもある。

　国会事務局と政府会議から接収した写真の資料（2,000枚以上の数の写真）は、1953年から1984年までの国会の活動を記録しており、その中には、第1回国会の第3期（1953年12月）、第4期（1955年3月）、祖国統一政治協商会議（1975年11月）やベトナム国会の対外活動のような際立った出来事の写真もあった。

　1985年から1993年まで、国家アーカイブズセンターは個人、家族、宗族の資料の収集を展開し始めた。40以上の個人と家族が自発的に国家第1アーカイブズセンターに資料を提供し、その中には、ダン・タイ・マイ、チェー・ラン・ヴィエン、スァン・ジエウ、ホアイ・タイン、ヴー・ゴック・ファン、ヴァン・カオ、テェー・ルウ、ルー・チョン・ルー、フイ・カン、チャン・ヴァン・ザップなどの有名な文学者、詩人や研究者の多くの文学ー芸術作品の草稿や研究成果が含まれていた。この資料は国家アーカイブズセン

ターに管理されている資料を多様にし、価値を高めることに貢献した。

　政府首相の指示を実行してきた3年（1997～2000年）の後、保存資料の集中管理の任務は、国家文書保存局、中央省庁、地方の文書館によって重視され、そのために、以前よりもより多くの成果を挙げた。国家アーカイブズセンター、中央省庁の文書館は歴史的価値を有する何千メートル書架分の資料を収集し、管理した。それに加えて、国防省アーカイブ、公安省アーカイブや外務省アーカイブなど若干の専門的アーカイブも、国防軍や外交に関する機関の活動を記録した比較的揃った資料を収集、管理しており、事務管理活動と研究のニーズに対して情報を提供することに貢献してきた。

　この時期にはまた、地方文書保存機関も資料の収集、増強活動を推し進めた。総括報告によると、1997～2000年の3年間で、省のアーカイブズセンターは人民代表会議、人民委員会と若干の局、委員会、部門などの約1,500メートル書架分もの資料を更に受領した。2000年までに、省のアーカイブズセンターは17,000メートル書架の資料をもつ約270の文書を管理しており、そしてそれに続く5年間（2001～2005年）で更に8,000メートル書架分の資料を加え、各アーカイブズセンターの管理している総数を25,000メートル書架にまで増やした。いくつかの省アーカイブズセンターは大量の資料を保管しており、それは例えば、ホーチミン市（3,562メートル書架）、ハノイ（1,800メートル書架）、フエ（1,600メートル書架）、ビンディン、タインホア（1,000メートル書架）バックザン（969メートル書架）、キエンザン（879メートル書架）などである。地方のアーカイブが管理している資料は、豊富な情報源であり、国の建設と防衛における人民の貴重な歴史的成果と経験を記録しており、ベトナム国家文書群の中の重要なアーカイブズ遺産の一部となっている[36]。

　ここまでを総括すると、平和、発展、革新の40年の後、ベトナムにおける資料の収集、管理事業は重要な成果を挙げることができた。もっとも基本

---

[36] 『ベトナムアーカイブズ史』、前掲書、264‐270ページより抜粋。

的な成果は、党と政府の文書保存機関が積極的に資料を収集、増強しただけでなく、戦争状態において資料の安全を守り、同時に植民地時代と封建時代の比較的揃った資料を管理したことである。集中的、統一的な保存資料管理についての制度、規定が公布された。そのおかげで、党と政府の文書保存機関が高い価値をもつ大量の資料群を収集することができたのである。保存資料の収集と管理作業は、比較的一律に、広く行われた。それは、制度に従った定期的収集、外国での資料収集、抗仏、抗米戦争の時期の残存資料の収集から個人、家族、宗族の資料、文学－芸術、映像資料などの収集まで幅広かった。これらの資料は、国のあらゆる面での活動に関する研究に資する極めて多様、豊富で価値のあるアーカイブズ情報資源である。

　若干の機関、組織において、集中的、統一的管理の原則を実行することにまだ一定の限界があり、保存資料の収集、収蔵に関する制度、規定はまだ不十分で、一律でなく、資料の紛失や散逸はまだ避けようのない事態だったが、全体的にみると、1954年から現在（2014年）までのベトナムの保存資料の収集と管理事業は特筆すべき、また誇るべき成果を挙げてきたのである。共産党とベトナム政府の正しく時宜を得た方針のおかげで、また、文書保存機関とその職員の努力と決意のおかげで、現在基本的には、高い価値をもつ資料は文書館の中に収集、保存されている。それらは遺産であるだけでなく、後に続くベトナムの世代が、それらをさらに増強し維持し利用して国の建設と発展に貢献するべき特別な財産なのである。

第5章　保存資料の科学的構築と安全な保管

それぞれの文書館に資料を収集したのち、次に問題となるのは資料の科学的構築と、安全な保管である。それがあって初めて、資料は良好な状態で管理できるのであり、簡単で便利な検索の必要に応えうるのである。文書保存分野においては、これは二つの基本的な業務である。常にそれぞれの国の科学的発展の程度、経済状態、考え方や認識などの要素に左右されるところがあるが、基本的には、ベトナムおよび世界各国においても、資料の科学的構築と安全な保管は、分類、価値の確定、検索ツールシステムの構築と安全に保管し、同時に長い使用に耐えるように資料の寿命を長くするための方法を応用することによって実現される。

以下に、我々は各時代のベトナムにおける保存資料の科学的構築と安全な保管の方法を概観してみようと思う。

5.1. 保存資料の科学的構築

5.1.1. 封建時代

准教授ヴォン・ディン・クエンの『ベトナムアーカイブズ史』(2010)における考え方に従うと、残された資料から、阮朝においては保存する資料の分類と選択が行われていたといえるが、その中でもその様子がはっきりと分かるのは資料の分類作業である。我々の研究によると、残された史料は多くないが、古い史料の中で散見される若干の記述をもとに阮代の資料の分類、選択、整理と保管作業を単純化すると以下のようになる[1]。

規定によると、全ての文書と書籍はその事案が解決したのち、保存にまわされ、順序よく整理され、門、類ごとに目録に記録されて、必要なときに簡単に検索できるようにされた。明命帝はかつてこの問題についての多くの

---

[1] ヴー・ティ・フン、『阮代の国家管理文書（1802‐1884年）』、2005年、ハノイ国家大学出版社、257‐267ページ。

旨や諭を公布した。1822年、皇帝は諭を公布して、中央、または地方の機関に公文書を収めるという規則を定めた。1828年、皇帝は上奏された文書に同意し、城、営、鎮（かつての行政単位の一つ。現在の省程度の規模：訳者注）と衙（かつての高級行政機関の一つ。現在の総局に値する規模：訳者注）に規則に従って、毎年それぞれの問題ごとに必要な文書を納め、部に保存するように求めた。文書を納める際、地方は項目ごとに納める資料を目録に記入しなければならなかった。受領したのち、各省と文書房は再び検閲を行ない、分類に従って資料を分け、目録に計上し、検索に便利なようにした。

例：

－礼部は資料を次のような問題ごとに分類しなければならなかった。それは、丸3年間俸禄を得た人の名簿、賞罰を受けた官吏の名簿、履歴書などであった。

－戸部は次のような分類に基づいて資料を整理した。それは、丁簿（成人男性の名簿：訳者注）、土地台帳、米と農産物の価格表、税率表、監査簿である。

1833年、明命帝は再び勅令を出し、以下のように譴責した。以前から、各地方では、公文書を保存しているが、整理、記入して目録にしていない。そのため、前任の官員が異動になり、新しい官員が職を受ける際、その時になって初めてばたばたと資料を確認し、引き渡しリストに記入することになるのである。このことは、資料が紛失し、責任を問うための根拠がなくなるという事態につながるのである。そのすぐあと、皇帝は命令を公布し、府と県において、役所で監査を行う督、撫、布、按および学政の官員にいたるまで全て項目に従って大略を記した文書をつくり、それを分かりやすく記録し、月末に目録をつくり（この点を特に強調したい－著者）、その目録には官給の印を押して保存用資料とし、納める時に円滑にいくようにすべきである、と求めた。

第 5 章　保存資料の科学的構築と安全な保管

　また、1833 年には、明命帝は提議された文書に同意し、毎年、それぞれの轄（地方行政単位。府の上に位置する：訳者注）は、自らの地方の丁簿、土地台帳を集め、持ち帰って吟味、検査し、毎年 3 期に、つまり 9 月、10 月、11 月に、轄はそれらの書類すべてをまとめて、目録をつくり、上奏して認可の印を求め保存するように求めた。この制度は嗣徳帝（トゥドゥック）時代にも引き続き適用された。
　これは、各地方における資料の状況である。一方、中央においては、歴代皇帝は各種の報告された疏、奏や各種の票擬（皇帝への上奏文に、内閣員があらかじめ皇帝の裁決の原案を書き入れたもの：訳者注）、硃本などの保存に関心をもった。それらは、国家のあらゆる面についてのことを過不足なく伝え、皇帝の政治の指導、管理と運営を物語るものであるからである。そのため、1835 年、明命帝は勅令を出し、省、衙と内閣は月末に自らの職分に属する全ての票奏、票擬を収集し、検索の便のために資料ごとに綴じ、まとめて冊子とするよう求めた。
　このように、資料の分類、整理と統計業務については、断片的に記述されているだけであるが、阮代における公文書と書類の保存作業がある程度整えられ、科学的であったことが想像されるのである。この保存と整理、分類作業の効果を証明するため、我々は阮王朝の史書を編纂するために使用された、『大南寔録』（前編と正編）、『大南一統志』などの極めて内容の豊富な資料、そして特に、典礼や制度と法律を体系化した書物である『欽定大南典事例』（以下會典と略す）を見ることができる。會典の冒頭部分で、阮朝は皇帝の旨、諭と會典の編纂業務を与えられた官員の疏と奏の文章を記載させている。それを通して、この書物の目的、意義、制作過程が語られている。會典の編纂は大変な、紹治（ティエウチ）帝の代から嗣徳帝の代まで何年にもわたった作業であった。また同時に、書物を完成させようと、担当官員は実に巨大な資料群を収集、分類、処理しなければならなかった。しかしながら、紹治帝と嗣徳帝の旨や諭、並びに、官員の疏奏（そそう）（問題を箇条書きにして申し上げること）文の

全部を読んでみても、資料が希少で不足している状態を嘆くようないかなる言葉も見られないし、あるいは保存資料が整理、分類されていないことについての非難も見られない。このことは、阮代前半の資料保存作業は、当時の具体的な条件の中で考えれば、要求に応え、十分で、また科学的であったということを証明している。そのおかげで、13年（1843年から1855年）ののち、會典は完成し、262巻、合計8,000葉となった。この書物は嘉隆一年（ザーロン）（1802年）から嗣徳四年（1851年）の間に施行された諭、旨、勅令、詔旨などを記し、系統立てている。會典は項目ごとに分けられており、それぞれの項目において、中央から地方の機関の職務内容に従って法律を体系化している。それぞれの機関については、次のような小項目に従って体系化している。それは、官制、任務、組織とそれぞれの分野についての具体的な規定である。それぞれの小項目では、一般的な規定や法律を統合することに加えて、編纂者は、歴代皇帝の順番に従って、旨、諭、律、令を並べなおしている。

　もし、文書保存機関、中でも国子監と内閣のなかの機関による整理と分類、そして安全で十分な保管がなかったなら、このように充実した形で、會典が編纂され、王朝の法律を体系化できることなどあり得なかっただろう。

　資料が書き残したところによると、各機関が皇帝に送った公文書はほとんど全てを皇帝が閲覧し意見を書き入れたのちに保存された。中央の官庁に上げられた地方の公文書は、吟味されその事案が解決されたのち、やはり一部が保存された。どうやら、保存される際は、阮代においては、選択（現代の用語でいえば、より価値の高い資料を文書館に送るための価値の判定）をしなければならないという規定はなかった。このことは十分に説明がつく。それは、当時の封建制度の考えでは常に皇帝の絶対的な地位を称揚するため皇帝が閲覧した、あるいは皇帝の意見した筆跡が残っているものが維持され保存されるべきものであったからである。そのため、帝位についてすぐ、紹治帝は以下のような命令を出した。もし官員や一般人で「先帝（つまり明命帝）

第5章　保存資料の科学的構築と安全な保管

が意見した筆跡を残すいかなる紙片でも見かけた者は、謹んで収蔵し、しっかりと梱包して呈上し、内閣の上層に謹んで保存しなければならない。」そのような文書保存の原則があったことで、間もなく皇帝と中央の文書館では、資料がいっぱいになり、明命帝が、「もし、計画して資料の量を減らさなければ、書類はどうしようもなく散らかり、水牛が汗を流して引くほど多く、建物の軒にまで積みあがってしまう」と訴えなければならなかったほどである。この状態は、明命帝によると、各地方と衙門が上奏してくる書類が多すぎるために起こった。しかし、それに劣らず重要で皇帝が言及していない原因は、文書館に入れられる前に、資料が選別され、後の研究にとって価値のない文書を排除されることがなかったからである。そのため、文書館で資料が日に日に「積みあがる」状態を目の当たりにしてやっと、阮朝の歴代の皇帝は以下のような方法で、この状態を解決するように命令を出したのである。

　一各衙門、各地方に以下のような方法で書類を減らすように何度も促した。それは、もし、奏の形式で報告する必要のある事案は上奏し、もし些細な、あるいは通常のことがらであれば、司冊（奏より簡略）をつくって皇帝が閲覧するのに十分な情報を提供できればそれでよい。あるいは、以前は、毎月に一回報告しなければならないという決まりに従っていたが、今後は、それを減らして、3か月あるいは6か月に一度の報告でよい。あるいは、以前は部や衙はそれぞれ独自の項目（問題）の表をつくって詳細に報告していたが、これからは、皇帝は共通の統計表を作成することを許す、などである（明命十四年－1833年の令より）。

　一第二の方法は、各機関、特に中央の各部、院、衙が現在保存している資料を再点検して皇帝の閲覧に供し、廃棄の許しを得る。この作業について、明命帝はかつて、「この作業は、業務の利便性を考えた簡略化と調整にとって柱となるものである」と強調していた。事実、皇帝が資料の廃棄を許したことは何度かあり、また皇帝が崩御する前にはいつも、いくつかの資料が吟味され、皇帝の埋葬の儀式において燃やされたりしたのである。しかし、残

された資料が伝えるところによると、廃棄された資料の数量は多くなかったようである。一方で、このような命令を公布する際、皇帝は同時にいろいろな場所で勝手に価値のある資料までが廃棄されることを心配しそれを阻止しようとしたのである。そのため、何度も明命帝は「簡略化の作業においては、同時に档案（今現在審査が必要な、あるいは以後長く使用する文書）は保存しなければならず、まったく調査できなくほど簡略化しすぎてしまっては、曲がったものをまっすぐにすることになりよくない。」と繰り返している。

　第三の方法は、文書館を増設し、資料を収蔵することだった。例えば、1852年、嗣德帝は聚奎院書（しゅうけい）（実質は現在の文書館‐図書館）を新たに建設し、いくらかの詩集、文集、硃本と他の重要な政治的文献を東閣から移した。なぜなら、長年が経過して、資料が多すぎる事態となり、東閣の文書館には入りきらなくなったからである。

　このように、阮朝の歴代皇帝の上記のような方法は、単なるその場しのぎの方法であった。なぜなら、最も重要な問題は資料を文書館に入れられるその時にすぐ取捨選択することであり、それが行われていなかったからである。惜しむらくは、もし文書館の蔵書点検をした資料があれば、当時文書館に保存されていた資料の価値についてより根拠のある観察ができるはずであったが、現在ではほとんど残っていない。

　このような、保存資料の分類、整理と選択の問題に加えて、この時代の資料の保管はいかなる規定に則って行われたのだろうか。この質問に答えることもまた難しい。なぜなら、残っている資料がほとんどないからである。しかし、『大南寔録』と『會典』の記述によると、当時、保存資料は検査され、冊子にまとめられ、目録に記載されたのち、文書館の書架に積み上げられていたことがわかる。1841年に出されたある命令によると、紹治帝は、各衙門に対し「衙の奏文は書類棚がいっぱいになるまでおいて置く」よう念を押している（このことを特に強調したい―筆者）。『安南歴代皇帝の文書保存と安南の歴史』において、ブデ氏もフエの朝廷の文書館を訪問した際（1942

年)のことを、以下のように伝えている。皇帝の全ての資料は東閣殿に保管されている。東閣殿はみごとな建物で、ゆったりと広く、その展望台が勤政殿の後ろに見え隠れして、景観は静かで落ち着いている。東閣殿の中では、資料が棚、あるいは金の漆塗りの箱の中に納められている。それに加えて、学者のファム・トゥアン・アンと、ポール・ブデの蔵書楼についての紹介論文を通して、嘉隆帝（ザーロン）から嗣徳帝（トゥドゥック）までの初期の皇帝たちの朝廷における阮王朝の資料保管についてのかなり重要な問題が見て取れる。この国立文書館は、前の章で紹介したように紫禁城の敷地内に建設され、周りを湖に囲まれた島の上に立っている。これは、文書館の安全と秘密を保証するために、人と動物による侵入を避け、火災を防ぐと同時に、必要な通気性があり、気候が引き起こす湿気を防ぎながら（主な重要資料は建物の2階で保存していたからである）資料を保存する方法であった。それだけでなく、ファム・トゥアン・アンによると、当時、朝廷は、一階の床に硫黄を撒き、ヤモリ、キクイムシ、アリ、ゴキブリ、ネズミなどを駆除したという。

当時の科学技術の発展にはまだ限界があったとはいえ、経験と具体的な対策によって、阮朝（主に阮朝初期）は注意を払い、決まりをつくり、必要な対策を用いて、皇帝と国家の保存文書を安全に保管しようとした。おそらく、このおかげで、幾多の時局の変遷のあとでも、また何度も移動させられたにもかかわらず、阮代の保存文書はかなり多くが現在まで残されている（各種の史書、策問、硃本など）。上記のように文書保存についての規定をつくることに加えて、阮朝は、審査、監査業務についての制度も持っていた。この制度は資料の保管と保存業務における状況を把握し、違反を処罰することを目的とした。明命帝の時、各部における資料保管の状況の審査、監査業務は明命帝によって細かく規定され、通例は、6年に1回、巳の年と亥の年に行われた。『大南史略』によると、1826年の工部の保存資料に対する初めての監査において、皇帝は人を選んで監査委員会をつくり、各資料ごとに入念に検査することを求めた。なぜなら、工部は大きな建築物を建設する責任を

担う機関であるので、財政と物資の問題に深く関わってくるからである。皇帝は、「嘉隆一年から明命七年まで、消失したと報告のあった資料、実在する資料、以前からあったもの、新しく収集したものすべてを項目ごとに検査すること」と命令を出している。また同じその年に、皇帝はバック・タイン（[北城]、阮朝初期の地方行政単位、ベトナム北部の１１の町を管轄していた：訳者注）の官員に命じて首都（フエ）の国子監文書保存機関に入れるため、黎朝といくつかの他の官職に関連のある文廟（ハノイ）に保存されている印刷された本と資料を調査させた。一方で、各機関、特に文書館、文書、税、国庫などを監督する機関への審査、監査業務は、阮朝が日常的に行っていた。これらの機関を監査しようと思えば、監査機関は保管されている資料、本、書類を通して調査する他ない。これはまた、監査官が各官庁の資料保存状況が十分で慎重であるかどうかを把握する機会でもあった。また、保存資料を通して、監査官員は違反行為を見つけることにより、適宜処罰することもできたのである。

　以上は、阮朝が保存資料を科学的に構築し保管した基本的な方法である。基本的には、19世紀の末、20世紀の初めまで、各文書館‐図書館は（すでに述べたように）まだ比較的十分に、公布された、あるいは歴代の皇帝に地方から送られ接収した国家管理文書を保存していた。その中には、1802‐1884年の時期に属する公文書もある。

　しかし、その後の時期に、政治の変動により、また自然環境と人間の影響により、この貴重な資料は次第に忘れられ散逸していった。雑誌『フエ、今と昔』1994年第7号の中の、「流浪する資料」という専門論文において、著者のファム・トゥアン・アンは以下のように報告している。1930年代、ゴー・ディン・ニューはベトナム人として初めてパリのシャルテル大学を文書館‐古文書学の分野で卒業した。彼は、保護国政府に選ばれ、フエの文書館とインドシナ図書館の第1副キュレーターの職に就いた。その後、南朝のこの分野の顧問も兼務した。1942年のころに、東閣の建物の老朽化した状態

第5章　保存資料の科学的構築と安全な保管

と、そこの内閣文書館・図書館のいくつかの硃本が濡れてボロボロになっていたのを見て、彼は御前文房総理のチャン・ヴァン・リーに提議してそのような資料を救い出そうとした。チャン・ヴァン・リー氏は保大帝(バオダイ)にそれを提議した。保大帝は検討した結果、そのような資料を整理するための専門委員会の設立を許可した。2年間の間に、この委員会は東閣の資料を分類整理して資料ごとに分けた。それは、硃本、条約、各種の策、科挙試験問題集、その他の資料である。硃本についてだけ、委員会は年、月ごとに、各部、衙の機能ごとに整理し、その後、まとめて一集とし、分類ラベルをつけ、一冊ごとにはっきりと分かるように題名を書いて表紙に貼った。その後、この資料群は、文化院と国子監（フエ）の新しい書架に所蔵され、整然と配架された。しかし、専門委員会の努力はただ文書館の老朽化の状態を幾分か克服できただけであった。時間の経過、気候、政治変動が再びこれらの保存資料に小さくない影響を与えたのである。

　このように、以上のような簡略な考察を通して、一般的に言って封建時代の、また特には阮朝の保存資料は歴代王朝と政府に関心を払われてきたことが見て取れる。しかし、多くの原因によって、上記のような資料の保存と保管は常に混乱しており、それは特に戦争の時期に顕著であった。一方で、一つには気候や天気によって、また人がそれを意図することすらもあったが、資料は紛失したり損なわれたりしてきた。しかしながら、幾多の変動を経て、多くを失ったとはいえ、現在まで保存されてきた文書の量は、特に阮朝の資料について、依然として多いといえるのである。

5.1.2. フランス植民地時代

　ダオ・ティ・ジエン博士の研究によると[2]、1917年以前、南圻、中圻、北圻の文書館では資料の科学的な構築は実行されてはいたが、まだ簡素なものだった。南圻総督代理、G．オイエールの決定第134号の規定によると、植民地監査局の文書保存機関に提出しなければらなかった資料はおもに3つで

---

[2] 『ベトナムアーカイブズ史』2010年、前掲書、118, 122, 123ページ参照。

あった。それは、法的な性格をもった文書、行政‐財政資料、インフラに関する資料である。しかしながら、他の資料についてはこの三つのグループのような詳しい分類の方法は分かっていない。中圻においては、早くも1897年には大使館の資料保存の専門機関が設立されたので、資料は日付に従ってナンバリングされ、整理されて、検索に便利なように、ファイルの中の文書の概要を明記した表を備えていた。この時期、中圻においては、文書保存業務の担当に任命された際に、サントニがヨーロッパの分類方法を研究し応用して、大使館の資料を整理した。その後、ポール・ブデ（文書保存の専門家）は実際の状況を調査した際には、こうしたやり方の応用はまだ植民地の資料にはふさわしくないと考えていたが、サントニの南圻における資料の科学的構築の努力を高く評価していた。一方で、ブデの『文書保存員必携』の中の描写によると、北圻では、当時まだ「各省に応用できる資料整理の原則はなく、それぞれの人が独自の方法で行っていた。通常、アルファベットの順番を用いて資料を整理したが、この整理法はすぐに破たんした。なぜなら、新しい資料を加えるのが大変だったからである。」そのため、その後、受け入れる資料が日に日に増えてくると、整理しきれなくなり、廃棄するか、廊下の隅や棚の上に放置された[3]。

　1917年以降、資料の科学的構築は、重要な進展をみた。1918年12月26日に公布された、インドシナ総督の政令には、全インドシナに適用される統一された分類表に従った、文書館の資料の整理、分類についての具体的な指導があった。この分類表に従うと、それぞれの文書庫の資料は23の主項目に分けられ、それは、それぞれAからXの文字に対応している。そして、それぞれの項目がまたさらに多くの小項目に分けられる。これは、多くの文書館の資料が「山積み」になって、未だ分類されていない状況を解決するための方法を探求したポール・ブデの研究成果である（そのため、以後ポール・ブデ分類表と呼ばれた）。中央文書館と若干の行政官庁での試験的導入の後、

---

[3] 『ベトナムアーカイブズ史』2010年、前掲書、123ページより抜粋。

第 5 章　保存資料の科学的構築と安全な保管

　この分類法は、調整され、小項目に十進分類法を加えて、新しい小項目を増やし、主項目は変えられなかった。さらに、この分類法は2つの主項目を加え、YとZの文字で対応させた。改善された結果、この分類法は25の主項目をもち、それぞれの主項目が10の小項目をもち、さらにそれぞれの小項目が10の小項目に分けられることになった[4]。

　基本的に、このような資料の分類や、検索ツールシステムの構築は科学的に行われた。文書館の資料は分類、整理されたのちは、二つの検索ツールで検索された。それは、

　―分類表の項目に従って

　―文字の順番（著者、地名、タイトルの）に従って

　その長所とそれが現地の事情に合っていたため、この分類法と検索ツールシステムはベトナムならびに全インドシナに広く適用された。それによって、資料の利用のための検索は前の時代よりもかなり簡単で便利になった。1931年、ポール・ブデは、文書保存専門員必携を出版し、その中で、この分類法の応用の仕方について詳しく紹介し、手引きした。その後、1945年にこの本は再版された。

　ヨーロッパの先進的な理論と保存方法の研究とそのベトナムとインドシナの実地への応用は、ポール・ブデの分類法の構築や二つの検索ツール（項目によるものと文字順によるもの）があったが、それはフランス植民地時代の保存資料の科学的構築に重要な貢献をしたといえる。このような方策と成果は続く時代においても、引き続き参考にされ、応用されたのである。

　5.1.3.　現代（1945年から現在まで）

　1945年以降、フランス植民地時代からの文書館は、公文書保存総局・全国図書館（のちに、国家教育省所属文書保存局・全国図書館と名称変更）の臨時的な管理下に置かれた。短期間ではあったが、局は接収、整理、保護と適宜の利用ニーズへの対応を行っていた。しかし、その後、抗仏戦争が勃発

---

[4] 『ベトナムアーカイブズ史』2010年、前掲書、143ページより抜粋。

し、政府機関がベト・バック戦区に避難しなければならなかった。全体的な方針を実現するために、いくつかの重要な資料が選別され、安全な地方に移された。中央の文書館の資料は、大部分がその後フランスと保大帝の管轄下に入った。1950年、軍事的に不利な情勢を前にして、フランス政府（代表は高等弁務官のレオン・ピニオン）は保大帝と、ハノイの中央文書館とサイゴンの南圻総督の文書館に保管されている資料の分割についての条約を結んだ。その資料のうち、1953年から1954年6月までの間に、フランスの官庁の資料とインドシナ総督の資料はそのほとんどが選別され、箱詰めされてフランスに運ばれた。残された資料は主に地方政権の活動に関する資料と、民生の資料であったが、それらはかなり無秩序な状態にあった。

1954年以降、文書館における資料管理は臨時的に文化省所属中央図書館に任された。1962年、中央文書館が設立され（首相府文書保存局に直属）、その役割は文化省から移された封建時代とフランス植民地時代の資料を受けとり、管理することであった。1988年になって、ハノイ中央文書館は名称を国家第1アーカイブズセンターと改めた。地方の保存資料は省、県、社に属する文書保存部署が直接管理した。

このように、多くの変動を経たのち、やっと60年代初頭に至って初めて、中央と地方における文書館の資料の科学的構築は実行され始めるのである。それにつづく約10年間は、中央から地方までの文書保存機関の基本的役割は、1945年以前の資料とその後作成された資料を科学的に構築し、安全に保管することであったといえる。国家第1アーカイブズセンター設立40周年記念学会（2002年）での報告によると、保存資料の整理、科学的構築は、以下のように実行された[5]。

---

[5] 学会紀要『国家第1アーカイブズセンター、設立と発展の40年』ハノイ、2002年（次の著者の文章、ゴー・ティエウ・ヒエウ、67～71ページ：ディン・ヒエウ・フォン、37～41ページ：ホアン・ティ・トゥェット・トゥー、85～90ページ）を参照。

＊封建時代の資料について

　以前の整理法を継承し、資料を行政資料、科学技術資料、各種の書籍などを含む群ごとに分類した。行政文書群の文書は皇帝の代ごとに分けられた。それぞれの皇帝の代の資料は、更に公布の日付に従って整理され、中には統計と保管に便利になるように一集、あるいは一巻にまとめられるものもあった。

　価値と保管年限の確定については、この時期の残された資料は多くなく、希少資料に分類され、そのため、全ての資料が無期限で保存されることになった。

＊フランス植民地時代の資料について

　無秩序な状態であった資料の簡単な統計と整理を行ったのち、文書館の資料は引き続きポール・ブデの分類法に従って分類された。具体的には以下の通りである。

　―第一段階：全ての資料は内容を吟味され25の分野に分けられ、それぞれ25の文字を割り当てられた。例えば、Aは法律文書、Cは人事、Dは行政、Gは司法といった具合である。

　―第二段階：それぞれの分野の資料は0から9までの数字がつけられた小項目に更に分けられる。例えば、Dの行政分野には、D.1の行政組織、D.4の行政訴訟、D.8の誕生、死亡、婚姻などの小項目がある。

　―第三段階：それぞれの小項目中の資料は0から9までの数字がつけられた一つ一つの書類に分けられる。例えば、小項目D.1は書類D.1.1インドシナ総督の職能と権限、D.1.2インドシナ総督府の組織などがある。

　分類の過程で、アーキビストは資料価値の判定にも関わることになる。しかし、フランス植民地時代の資料群については、文書保存機関は重複して受け入れた資料と、表の枠だけ印刷されて中身のデータが載っていないようなものを選別しただけであった。これらの資料は選り分けられたのちも廃棄せずに、破れたり傷んだりしている本の修復や台紙代わりに使われた。重複し

ている資料は、他の文書や資料コレクションに加えられた。基本的にフランス植民地時代の資料は無期限保管することに決められた。

＊1945年までのベトナム政府機関の資料について

全体的な指針により、この資料群は以下のような方法のどれか一つに従って分類された（どの方法をとるかは資料の特徴によった）

―日付‐組織の機構の順に、あるいはその逆の順に分類する方法。この方法は、ある資料群の資料を、それが作成された年で分け、さらに、それぞれの年の資料を機関の単位に従って分け、それぞれの組織単位の資料の中で、またその単位の役割に従って分け、最終的に一つの書類にする。

―日付‐活動面の順に、あるいはその逆の順に分類する方法。この方法に従うと、ある資料群の資料は、その作成された年で分けられ、年ごとに資料はまた活動面（当該機関の主な役割に相当）から分けられる。それぞれの活動面の資料の中で、資料は更に分けられて、具体的な書類となる。

この二つの方法に加えて、資料は、日付‐事案の順にあるいはその逆の順に分類された。科学技術資料、フィルム資料、写真資料、録音資料の分類作業だけはその資料の特徴によって分類する。

分類している最中、あるいは分類したのちに、それぞれの書類は価値を判定され具体的な保存年限が確定される。この時期、資料の価値の判定は政府文書館のアーカイブズ学理論と指針、そしてソ連（旧）やドイツのようないくつかの国の体系的な理論と方法を参照した上で行われた。それによると、書類の価値を確定する際は、文書保存職員は三つの原則（政治的、歴史的そして全面的な）を遵守しなければならない。それと同時に、以下のような基準を運用した。それは、資料の内容の意図、資料を作成した機関の意図、原料、書類の中の資料の完全性などである。当初、書類の保管年限は3種類で決められた。永久保管、長期保管、臨時保管である。しかし、90年代の終わりから、永久保管以外はより具体的に保管年限を定めるようになった。つまり、5年，10年，20年，50年から70年までの項目に従って決められた。

第 5 章 保存資料の科学的構築と安全な保管

各機関の書類、資料の分類と価値の判定作業がしやすくなるように、2011年6月3日、内務省は、各機関、組織の活動において作成された一般書類、資料の保管年限について規定する通知第09/2011/TT-BNV号を公布した。

政府管理機関の文書保存分野に関するかなり具体的な指針によって、現在のベトナムにおける保存資料の価値の判定は比較的安定して、一律に行われている。

5.2. 保存資料の保管、保護対策

5.2.1 封建時代

上述したように、保存資料をきちんと管理しようとすれば、いかなる国も資料の安全を守り、寿命を延ばすための対策をとらなければならない。しかし、この問題はそれぞれの国の認識と個別的な条件に左右される。

研究者によると（ヴォン・ディン・クエン、2002年；ヴー・ティ・フン、2005年）、封建時代の歴代政府はすでにこの問題に取り組んでいた。黎朝の下では、洪徳律令の151条と195条の規定に従って、政府機関の公文書や資料は、「秘匿」されなければならなかった。誰であれ、これに違反すると罰せられた（軽くて杖刑、重ければ罷免）。黎朝は、戸籍（住民管理に使われた）や地簿（土地管理のために使われた）などの帳簿類の保管に特に意を用いた。なぜなら、これらの帳簿類は数が多く、その中には徴税に関する情報が記されており、そのため、国が専用の倉庫で集中的に保管したからである（ヴォン・ディン・クエン、2002年）。黎貴惇の『見聞小録』(レクイドン)の記述によると、黎聖宗の洪徳年間（1470～1497年）、帳簿を保存するため、専用の倉庫を建設した省（中央官庁の：訳者注）があった。例えば、戸部（住民と土地の管理を担っていた）は「工の字型で前後のそれぞれ3部屋、2軒の離れをもつ建物」を建設し、「帳簿の倉庫は4列あり、それぞれの列は11部屋で壁に囲まれていた」[6]。しかし、ヴォン・ディン・クエン教授（2002）

---

[6] 黎貴惇『見聞小録』、史学出版社、1962年、ハノイ、189ページ。

によると、黎朝が文書館をつくり政府機関の一般的な資料を保管していたことを示す資料はまだ発見されていない[7]。

　阮代になると、堅固な文書館群（前に述べたような）を建設することに加え、政府は資料の保管と保護という問題にも取り組み、積極的に対策を打っていた。『大南寔録』や『會典』の記述を通して、この時期、保存資料は整理され、まとめられ、目録に計上され、棚に置かれて倉庫に保管されたことが分かる[8]。『安南歴代皇帝の文書保存と安南の歴史』（1942年）の中で、ポール・ブデは、フエ朝廷の文書館を訪れた際に、「皇帝の全ての資料は東閣殿で保管されている。その建物は美しく、広々としている。その中では、資料が棚や金の漆塗りの箱に厳重に納められている」と述べている[9]。

　蔵書楼（阮朝の重要な文書館）について述べた資料を通して、阮代に資料の安全な保護が実施されていたという事が見て取れる。上述したように、蔵書楼は、厳しく守られた紫禁城内に建設されたにもかかわらず、阮朝はさらに周囲の土地を掘って濠をつくり、蔵書楼に続く道を一本だけに限った。これは、資料を守り、火災に備える（濠から水をとって消火した）ことを目的としたものであったが、また同時に人の往来を制限しようとするものでもあった。このように蔵書楼へ通じる道を一本だけにすることで、出入りする者を厳密に把握し、資料の紛失を防ぐことができた。ファン・トゥアン・アン（１９９３）によると、当時阮朝はまた蔵書楼の一階の床に硫黄を撒き、虫が資料を損なわないようにしていた。

　その他、上記のような対策に加えて、阮朝は保存資料の保管状況の調査、検査についての規定をいくつかつくっていた。明命帝時代、この業務は通例

---

[7] ヴォン・ディン・クエン『ベトナム封建時代の国家運営文書と公文書、書類業務』国家政治出版社、ハノイ、2002年、173ページ。
[8] ヴー・ティ・フン『阮朝の国家管理文書（1802‐1884年）』ハノイ国家大学出版社、2005年、263ページ。
[9] ポール・ブデ『安南歴代皇帝の文書保存と安南の歴史』（ベトナム語訳版）、ハノイ国家大学出版社、2005年、7～8ページ。

のこととなり、6年に一度行われた[10]。『大南寔録』によると、1826年明命帝は、工部の保存資料に対して初めての監査団を選出した。明命帝は監査団に対し入念に調査するように命じた。それは、工部は大きな建築物の建設を担い、財政と建材の問題に関わりがあるため、慎重に資料を保管する必要があったからである。この監査業務はそれから常時実施されるようになり、それによって各機関の責任感が高まり、適切な資料保管、保護における機関の違反を発見しやすくなった。

当時はまだ科学技術が発展していなかったとはいえ、上記のような経験と具体的な対策によって、阮朝は機関、特に中央機関の活動の中でつくられた公文書や資料をかなり良好に保管してきた。そのおかげで、阮朝の史家は『大南寔録』などの国史編纂に必要な資料を十分に見ることができた。また『會典』の中に見られる嘉隆帝から紹治帝までの歴代皇帝の時代に公布された規定の十分な資料群を目にすることができたのである。また、さらにこの阮朝の資料保存のおかげで、その後幾多の変動、移動を経たあとでもかなり多くの資料が現在まで残されたのであり、その資料の中には硃本資料群というベトナムと世界の記憶遺産があるのである。

5.2.2 フランス植民地時代

保存資料をきちんと管理するために、1917年以降、植民地政権は文書館の建設に取り組んだ。1922年、ハノイで中央文書館の建設が始まり落成した。そして1925年1月2日に使用が開始された。これは4階建ての建物で、縦54メートル、幅13メートルであり、丈夫で燃えにくい鉄筋コンクリート造りで、採光と通気性の問題も解決されていた。建物の中は、4階とも書庫となっており、それぞれの階は高さ2メートル80センチで、長さ3メートル90センチで取り外し可能な多くの棚板をもつ鉄木制の書架が130設置可能だった。それぞれの書架の間の側板は広く、ゆったりとしている。これは、

---

[10] ヴー・ティ・フン『阮朝の国家管理文書(1802‐1884年)』ハノイ国家大学出版社、2005年、265ページ。

当時としてはかなり現代的に建設された文書館であり、フランス植民地時代を通し、またそれ以降も保存資料の保管場所であった[11]。

写真：ハノイ市チャンティー通り31B番にある中央文書館（フランス植民地時代に建設された）（インターネットより）

中央文書館に加えて、植民地政権は南圻に文書館を更に建設させた（1924年）。中圻においては、現地の政権がメインストリートに面した広い土地を文書館建設予定地に当てたが、この計画は実現しなかった。そのため、中圻大使館において、狭い面積の文書館を設置することができただけだった。設置はしたものの、規模が大きくなかったため、これらの文書館では間もなく資料が許容量を超えてしまった。そのため、各省の多くの資料は、これ以上収蔵する場所がなく、中央文書館に提出することができなかった。

このような状態をいくらかでも克服するため、植民地政権は、以下のよう

---

[11] 統計によると、落成の後、中央文書館はインドシナ連邦に属する機関、北圻大使府の機関と北部のバックザン、バックニン、ラオカイ、タインホアなど12省の資料を収めた。

な資料保管についてのいくつかの規定を出した。それは、各機関、各地方は資料を保管するために土地を割り当てなければならない、資料を収めるために使う部屋には個別の、火災と洪水を避けるために完全に密閉された場所を割り当てなければならない、文書館として建物を選んだとき、あるいは改造、改修を行った時は、ハノイの高等文書保存委員会に報告しなければならない、文書館に火を持ち込んだり、中で火を付けたりしてはならず、職員がいないときに軽率に何でも持ち込んではいけない、などであった。

5.2.3. 現代（1945年から現在まで）

保存資料を安全に保管することは、文書保存分野の重要な、そして日常的な役割であり、それは国が戦争をしている環境下では特にそうであった。この問題には、党とベトナム政府が極めて高い関心をもっていた。現代においては、多くの資料の保管と保護についての方針と対策が出され、実行に移されたが、それは主に以下のような問題に集中していた。

5.2.3.1. 資料の保管と保護についての規定の公布

文書保存局の設立（1962年）後、そのアドバイスにより、首相府は保存資料の保管と保護についての多くの規定を公布した。これらの規定の内容は保存資料の保管方法の指導、あるいは保存資料の書庫設置にかかる経費の決定と認可などに集中していた。それに加え、首相府と文書保存局は特別な状況下における資料の保管と保護についての文書も公布している。

それは例えば、

－首相府文書保存局に送られ、北部に集められた各機関の資料の移動と管理についての1963年3月26日付け告示第982号。

－1963年12月13日に公布された漢字、字喃によって書かれた文化的価値のある本、資料の保護と管理についての首相府指示第982LT号。

－1964年5月18日に公布された、国民防空計画中の保存書類と保存資料の保護についての首相府通知第24/BT号。

－1964年10月1日に公布された、書類と資料の避難についての首相府告

示第198-CTL-Tm号。

－アメリカと傀儡政権の各機関の資料の保護に関する1975年3月21日付け文書局告示第75/VP号。

法律文書において、政府文書局は以下のような資料保管の具体的方法を指導、指示している。各種資料の価値判別をして、それぞれにふさわしい保管方法をとること、資料の機密を守る方法、鉄製の箱、木製の箱、ビニールのカバーなどの資料を収納する道具の材料と大きさ、資料を損なう湿気、害虫、ネズミの類を防ぐ方法と技術的対策などである。

5.2.3.2. 保存資料を保管するための文書館網の構築

前世紀の60～80年代において、国が恒常的に戦争をしていたため、保存資料は何度もつづけて避難させなければならなかった。そのため、ベトナムはすぐには大規模で現代的な文書館を建設することはできなかった。しかし、このような困難な状況にあっても、党とベトナム政府は方針を立て、重要な事項を実行したのである。それは、避難先（ベト・バック戦区）で特別な文書館を建設したことである。首相府の1964年6月22日付け決定第95/TL-Tm号によると、文書館の建設は資料の避難と同時に行われた。文書館はトゥアンクアン省、ソンズオン県、トゥアンロー社に建設され、臨時文書館と正式な文書館（記号はK5）があった。文書館は山岳地域の自然条件を活用して建設され、敵の空爆を防ぎ、特殊部隊や間諜の活動に抵抗し、防火、防カビ、防湿設備を備えていた。正式な文書館（K5）に関しては、建築省の設計によって石灰岩山の洞窟の中に堅固に建設され、6階建てで使用部分の面積は約1,218平方メートルであった[12]。

K5は石灰岩の洞窟内に建設されたため、一年中100%の湿気があり、一日中天井からしずくが垂れてきた。これは、文書館で資料を安全に維持するためには非常に大きな難題であった。資料の一部は濡れて、次第に朽ちてい

---

[12] 『国家記録管理・公文書館局の50年（1962～2012年）‐資料と写真』文化情報出版社、2012年、15～17ページを参照。

く危険に晒されていた。このような状況を前にして、文書館で働く職員たちは常に資料を救い出すことに汲々とせねばならなかった。用いられた方法は次のような主に手作業によるものであった。

−天日で乾かす、日陰で乾かす、木炭や暖炉、電球で乾かす
−資料が乾いたあとブラシできれいに拭いて、紙で包む、あるいはビニールに入れる。
−生石灰を用いて湿気を吸い取る。
−扇風機を使って書庫内に空気の流れをつくる。

しかし、文書館はあまりに湿っていたため、得られた効果は大きくなかった。

このような毎日行われた作業から、各関係機関がこの文書館に派遣した50人以上の文書保存職員の忍耐力と持続性、そして資料の安全に対する高い責任感がうかがい知れる。その資料というのは、機関や組織が彼らに監督と保護を委ねた資料であった。当時の困難な状況下で資料を保管するため、文書保存職員は日常的に資料を持ち出して、自然光で乾かすことで湿気対策をしなければならなかった。

写真：安全区において資料を乾かす文書保存職員
（国家記録管理・文書保存局所蔵）

戦争が終結した（1975年）のち、文書保存事業は安定し発展し始めた。第1中央文書館（ハノイ）、第2中央文書館（ホーチミン市）のような既存の文書館の継続使用に加えて、文書保存局の定義に従って、政府は新しい文書館の建設と古い文書館の現代的な方法による改築、改修への投資に取り組んだ。そのため、次のような文書館についての多くのプロジェクトがつくられた。

－1999年の「ドイ・カン文書館‐国家第3アーカイブズセンター」設立プロジェクト。

－2001年の「国家第2アーカイブズセンターの改築、拡張、改修」プロジェクト。

－2001年の「国家保存資料保全センター改築」プロジェクト。

－2002年の「国家第2アーカイブズセンターの書庫第TⅡB02号への投資」プロジェクト。

－2003年の「保存資料修復、複製センター設立」プロジェクト。

－2006年の「ハノイの国家第1アーカイブズセンター設立」プロジェクト。

－2007年の「ダラットの国家第4アーカイブズセンター設立」プロジェクト。

このように、わずか約10年の間に、ベトナム政府は何兆ドンも投資して、現代的な文書保存館を構築、整備し、その結果四つの国家アーカイブズセンターといくつかの資料の保全、保護、あるいは修復、複製の役割をもつセンターができた。文書館建設に取り組むだけではなく、政府はまた、書庫内の現代的設備と保管道具に対して経費を投資した。それは例えば、書架や戸棚、防火システム、防犯システム、温度と空気を最適基準に保つシステムなどである。

第5章 保存資料の科学的構築と安全な保管

写真：ハノイにある国家第3アーカイブズセンター（インターネットより）

写真：ダラット市にある国家第4アーカイブズセンター（インターネットより）

写真:ソックチャン省のアーカイブズセンター(インターネットより)

　強力で、決然とした対策によって、今まで、中央機関の文書館網、特に国家アーカイブズセンターは多くの面で現代的で国際的あるいは地域的な水準に達している。これはベトナムの文書保存の努力の結果であり、基本的成果である。
　中央レベルの文書館網に対する投資を基本的に終えたのち、近年、ベトナム政府は各地方において保存資料を保管し保護するのため、文書館網の構築への投資に引き続き取り組んでいる。そして、その重心は省レベルの文書保存機関に置かれている。2007年、政府首相は保存資料の保護と価値利用の強化についての指示第05/2007/CT-TTg号を出した。この指示の中で、首相が求めたのは、「十分な文書館を配置して、保存書類、資料を保管すること、2010年までに、各省、各中央直轄市も専用文書館をもつべきであり、その専用文書庫は所属の郡、県、町、市まで行き渡らなければならない。」専用

第5章 保存資料の科学的構築と安全な保管

文書館というのは専門用語で、資料保存の要求に応えるだけではなく、仕事や、いろいろな段階の作業をする場所であったり、特に、公衆が訪問し、探求し、容易に便利に保存資料にアプローチできる場所であると認定された文書館を指す。この指示が出てすぐあとの2007年11月26日、内務省も通知第09/2007/TT-BNV号を出し、専用文書館について指示した。その指示によると、専門文書館は多くの条件を備えた建築物で、その条件とは、資料を保管する場所であること、アーカイブズの業務をする場所であること、行政の場所であること、技術設備を備え、公衆に奉仕する場所であること、などである。

この方針を実現するため、2010年、首相は更に続けて「各省、各中央直轄市の専用文書館建設補助」の提案を認める決定第1784/QĐ-TTg号を公布した。この提案の目的は、各省に経費を補助して、文書館を建設、改築させることと、保存資料の安全な保護、保管と資料価値の有効利用のための専用の設備を購入させることであった。

提案の内容は、以下の通りである。まだ文書館のない省に対して専用文書館新設の費用を補助する。すでに文書館をもっているが、面積と保存資料の安全を保証するだけの技術環境を確保できていない省に対して、改修、改築費用を補助する。すでに専用文書館をもっているが、保存資料を安全に保管する設備をもたない省に対して、保存資料保管設備購入の費用を補助する。提案の実行期間は2011～2015年であり、資金源は中央の財政からの2兆ドン以上の補助である。

省レベルまでの専用文書館の建設に関するベトナム政府の方針と政策は、アーカイブズ分野に対する考え方の大幅な革新を物語っており[13]、同時に新しい環境における資料の保護と保管業務にとって、最も有利な条件をつくり出しているといえる。

---

[13] 以前は、全ての資料は機密を保持すべき情報であるという考えがあったため、各文書保存機関は通常、資料を保護するだけの方針のもとに建設されていた。

現在まで、国家記録管理・公文書館局は36の省と中央直轄市を指導して、省レベルの専用文書館建設に投資する計画を立てさせ（そのうち26の計画は権限をもつ機関から許可されている）、多くの省や中央直轄市が早期に十分な規模の現代的な専用文書館を建設し稼働させている[14]。しかしながら、2012年から、経済の後退の影響により、若干の地方における専門文書館の建設がしばらく停止している。多くの地方が、省や県の人民委員会のオフィスの敷地内に文書館を配置している。面積が狭いため、保管場所は技術的な基準を満たしていず、設備もまた要求に応えられていない。そのため、多くの地方では資料を収集する十分な面積がない。一方で、提出期限が来ている資料が未だ提出されなかったり、資料が分類、整理されていないという状態がまだ多くみられる。さらに、価値のある資料が破棄、毀損されるといったことも若干起きている。物質的な基盤が保証されていないこのような状況によって、資料の保存、選別、提出の作業は非常な困難に直面しているのである。

5.2.3.3. 戦時下における資料の避難と保護

これは、保存資料の保護事業におけるベトナムの大きな成果の一つである。1964年、北部に対するアメリカ帝国の空軍と海軍による破滅的戦争に対抗して、国家の保存資料を安全に維持するため、党と政府は資料の避難と保護についての方針と方法を適宜打ち出していった。この問題についての方針は、防空避難作業についての政府首相の1964年4月2日付け指示第24-TTg号と政府会議の1964年6月24日付け議決に表われている。

政府首相の指示は以下のように求めている、「書類と資料に対しては、各機関は主体的に分類を行ない、保護計画を立てなければならない」。一方、政府会議の議決は以下のように規定する、「資料の保管について、各機関、

---

[14] 2012年までの統計では、10以上の省、中央直轄市が専用文書館を建設した。代表的なものは、バックリウ省（1,200㎡）、ビンディン省（1,020㎡）、ドンタップ省（2,414㎡）、キエンザン省（1,700㎡）、ヴィンフック省（2,200㎡）、トゥエンクアン省（3,023㎡）、ヴィンロン省（1,276㎡）などである。

第5章 保存資料の科学的構築と安全な保管

企業は資料を自主的に分類、保存し、保護対策をとる責任がある。文書保存局は資料の分類業務を指導し、平常時及び緊急時の資料保管の内規を出し制度をつくる責任がある」[15]。

　この資料の避難と保護の方針は、首相府により、1964年5月18日付け回覧通知第24-BT号によって具体化された。通知は以下のように述べている。原則的には、全ての重要書類と資料はどの時期に属するものであっても、自主的に安全な場所まで避難させ、保護、保管しなければならない。各機関は重要書類を安全に維持しながらも、それを利用、活用し、機関の日常業務に役立てるようにすべきである。

　この通知によると、「重要な書類と資料」とは以下のようなものから成る。党と政府の方向性、方針、政策を反映した資料。各々の部門、機関の職務機能と主要な活動である記録、議決、指示、報告など。基本調査に関する資料。科学研究の成果。傑作や大発明。有名な作品の草稿。指導者とその他の有名な政治、社会、文化活動家の活動を伝える資料などである。

　この通知は、各機関が資料を二つの大きな群に分けるように求めている。その二つの群とは、1958年より以前の書類、資料群と1959年以後の書類、資料群である。1958年以前の書類と資料に対しては、大部分は使用することは少ないため、文書ごと、年代ごとに分類整理して先に避難させる必要があった。一方で、1959年以後の資料は、二つの種類に分け、1963年と1964年につくられ、まだ現用性を有しているものに関しては、すべてを手元に置いておき、1962年以前の資料は、機関が今後使う必要がないと判断したものについて、すべて避難させた。

　具体的なやり方について、通知は以下のように指示している。

　-避難させる資料は統計を取って名簿に書き込み、表紙、ファイル、ケース、カバーなどの上に必要な情報を載せ、箱に番号を打って管理しやすくし、その資料がどの機関、室、組織単位に属するのか、何の問題について

---

[15] 首相府文書保存局文書、書類第32号、ページ番号第4、9

のものなのかを把握しやすくして、混乱、紛失を避ける。
　－避難が必要な書類と資料は、大きな都市、町、村、工業地帯などから、安全で敵の破壊と爆撃の目標から遠い場所へ、国防省の国民防空計画に従って移動されなければならない。避難先では、あらゆる面で極めて念入りに保管と保護を行ない、信任を受けた専門員が同行して、資料の保管と利用の要請に応えるための整理整頓を続けなければならない。
　－中央機関（一部の省を除く）とハノイ市の書類と資料については、首相府と文書保存局が管理する場所に避難させる。
　－機関が手元に残している、あるいはまだ避難させる機会のなかった書類と資料は、箱に詰めるか、近くで爆弾が爆発してもその圧力に耐えられる堅固な部屋に入れておき、火やカビ、湿気、ネズミなどによって損なわれないような環境を整えておく必要がある。
　通知は、書類と資料の避難作業が緊急を要することと、それに対する各機関の責任を以下のように強調している。「保存書類、保存資料の避難と保護の遂行は、困難で複雑な作業であるが、緊急で切迫している。中央と地方機関の事務局長と中央文書保存局の局長はこの作業に直接責任を負うものである。首相府文書保存局は自らの任務に従って、指導し、検査し、監督する責任を負う。中央と地方機関並びに文書保存局は人員を強化し、十分な人数が避難先へ同行し、書類と資料の保管と整理をおこない、それを利用できるように、また十分な人数が機関に残って引き続き機関の文書保存室の通常業務を滞りなく行えるようにしなければならない」[16]。
　文書保存部門がまだ設立され稼働したばかりであり、文書保存職員の専門業務に対する理解にまだ一定の限界があるという条件下でも、通知の具体的で詳細な指示により、各機関並びに文書保存職員の資料避難と保護は可能となったと言えるのである。
　資料の避難と保護の具体的な成果は以下の通りである。

---

[16] 首相府文書保存局文書、書類第29号、ページ番号第3，4

＊各地方における資料の避難と保護

　政府と首相府の指導と指示の文書は、各地方によって緊急に実現が図られた。書類と資料一般は鉄製や木製の箱、あるいは竹の籠に入れる、あるいはニスを塗った布で包んだ。資料の大部分は、民家や高い乾燥した場所、瓦葺の屋根の家などに運ばれ、一か所に集中させずに多くの場所で個別に管理された[17]。避難された資料は、多くの場所で各機関によって利用され、管理活動、歴史の研究、編纂の役に立っていた。要求があるごとに、文書保存職員は資料が保存されている場所まで行って、その資料を出して要求に応えた。例えば、タイビン省行政委員会の避難文書館（30km）やタインホア省人民委員会の文書館などのように、避難先の文書館が機関の仕事場から遠かったために、山道を何十キロも自転車をこいでいかなければらないこともあった。

＊中央とハノイ市の各機関の資料の避難と保護

　先に言及したように、中央とハノイ市政権の各機関の資料（公安省と国防省の資料を除く）に対して、政府は一か所に集中的に避難させるという方針を立て、首相府と文書保存局に場所を選定させ、その方針を実行させた。

　資料が気候や環境の影響で毀損したり、傷んだりしないように維持する方法を見つける作業は、常に首相府と文書保存局の関心事であった。1964年11月28日、文書保存局は、安全区とその他の場所の避難先の保管庫において資料を安全に維持するための解決法を探るため、避難状況下における資料保管についての勉強会を開いた。1967年、K5文書館は、中国から購入した換気空調システムを設置した。首相府は中国の専門家二人を招き、1967年6月22日から11月10日までの期間、ベトナムの職員にそのシステムの取り付けと運用を指導してもらった[18]。換気空調システムを設置してから、書庫内の資料の状況は改善した。

---

[17] 首相府文書保存局文書、書類第86号
[18] 首相府文書保存局文書、書類第87号

写真：疎開地（安全区）にて山のように積まれた保管資料
（国家記録管理・文書保存局所蔵）

　北部の人民がアメリカ帝国の破滅的な戦争に立ち向かっていた全段階を通して、資料の使用、利用サービスも安全区に避難した文書館における日常的な業務であった。文書館に絶対的な安全と機密保持を保証するため、資料利用ステーションは文書館から6km離れたところに置かれた。管理、生産、戦闘に役立てるため資料を研究、利用したいという要求があるたびに、関係機関の文書保存職員は資料を探してサービスステーションまで持って行った。
　中央とハノイの機関の資料はここで1973年まで保管された。ベトナムに平和を樹立するパリ協約が締結された後になって初めて、これらの資料は

徐々にハノイに戻されたのである。その中には文書保存局所属中央文書館に直接納められたものもあれば、もとの機関に戻されたものもあった。

　安全区に避難した資料に加えて、中央の各機関も1959年以降、特に1963～964年に作成され現用性をもつ資料は、首相府の通知24-BTの精神に則って手元においていた。これらの資料は時間に従って次第に現用性を失っていき、保存資料となっていった。これらの資料は、安全区の避難した文書館に移されはしなかったが、各機関によって入念に、安全に保管された。一般的に、資料は機関が避難した場所で箱や棚に入れられて、その機関の文書保存職員によって管理、点検された。

　以上に述べてきたことをまとめると、北部に対するアメリカ帝国の空軍と海軍による破滅的戦争下において、党とベトナム政府の保存資料の避難と安全な保護の方針は、党委員会、政権、中央と地方機関の文書保存職員団によって緊急にそして厳格に実行されたのである。アメリカ帝国の爆弾が北部の各地方、特に「火の線」と呼ばれた、ヴィンリン、クアンビン、ハーティン、ゲアンなどに深刻な損害を与えた。しかし、保存資料については、基本的に安全に維持され、保護された。それは、アメリカ帝国の破滅的な戦争に抵抗する年月におけるベトナム文書保存分野の顕著な戦功であり、民族の抗米救国戦争の勝利に貢献したのである。この戦果を勝ち取れたのは、何よりもベトナムの党、政府そして関係政府機関が適切で時宜を得た方針と対策を出し、国家の貴重な財産であり、民族の文化遺産である保存資料の避難と保護について具体的に指導、指示をしたおかげである。この戦争を通して、党とベトナム政府の国家の保存資料の完全な維持と保護に対する関心をますますはっきりと見て取ることができた。一方で、文書保存業務に携わる人たちの、敵の爆弾の前で臆することなく、常に責任感を高く持ち、あらゆる困難と欠乏を乗り越え、昼夜を問わず資料を維持管理し安全に保護した功労に言及しないわけにはいかない。

5.2.3.4. 資料の複製と修復

　上記の対策に加えて、ここ20年ほどの間に、資料の修復と複製の問題が文書保存分野で注目されてきた。1987～1991年という早い時期から、党文書保存局は、もしもの場合に備え貴重な資料をマイクロフィルム化した。何万ページもの資料、フィルム、写真が傷み、汚れる危険があったからである。

　2003年、政府文書保存局は保存資料修復・複製センターを設立した。センターは修復、複製について研究し、実行する任務を担っていた。それは、カビを除去し、虫を駆除し、脱酸処理を施し、また国、各組織、要求のあった個人の保存書類と資料について、コピーして冊子や本にしたりすることである。10年以上、センターは何千もの破れたり、傷んだり、カビが生えたり、黄ばんだりした資料を修復してきた。また、この期間に、多くの文書保存職員が外国に派遣され、見学し、学習し、それと同時に政府文書局は、資料の修復、複製についてベトナムの職員を訓練、指導するために、何度も日本や韓国の専門家を招いた。それによって、これまで修復・複製センターと他のいくつかのセンターの文書保存職員は、かなり業務に精通するようになり、保存資料の保管と寿命を延ばすための伝統的かつ現代的な方法の応用において重要な貢献をしてきたのである。

　次ページは、2002年にベトナム国家文書保存局、国際交流基金アジアセンターと東京修復保存センターが協力して開催した資料保管と修復研修クラスの写真である。

第5章　保存資料の科学的構築と安全な保管

写真：2002年、資料の保管と修繕についての学習会に参加した教員と生徒たち
　　　（国家記録管理・文書保存局所蔵）

写真：資料の修繕と複製技術についてベトナムの文書保存職員に指導している
　　　日本の文書保存専門家（国家記録管理・文書保存局所蔵）

第6章　保存資料の利用と有効活用

6.1. 保存資料の利用についての考え方と方法

　結局、文書保存業務はどんな国にもあり、いつの時代にもあるが、それはみな研究と利用のニーズに応えることを目的としたものである。それぞれの保存資料が独自の価値を有している（その資料が伝える内容と情報を載せているその資料自体、記述の方法などを含めて）。しかしながら、選別され、保存される場合、その資料は二つ目の価値を持つことになる。それは、使用価値、つまり、その内容や材質、記述方法の研究からそれらの資料を利用する者が理解し発見する情報と意義のことである。もし、保存資料がより多く使用されるならば、使用価値もそれだけ高くなる、ということである。この見方に従えば、文書館とは常に尽きることのない「宝物庫」であるとみることができる。保存資料中の過去の情報は、それらを利用したいと思っている者にとって常に強い魅力をもっているものである。しかし、その宝物庫の利用、あるいは専門用語で言えば、保存資料の価値（特に使用価値）の活用ということになるが、いづれにしても、それは、それぞれの政府の考え方と文書保存機関の対策次第なのである。

　以下に述べるのは、歴史の各時代を通じて見た、ベトナムの保存資料利用に応用されてきた思想と具体的な方法である。

6.1.1. 封建時代

　『ベトナムアーカイブズ史』（2010年）の中で、ヴォン・ディン・クエン准教授は、文書保存業務は、封建時代の歴代政府の考えによると、主に次の二つの目的のためになされたと考えている[1]。

　一目の前の実践的な必要に応えるため。具体的には、その時の政府の管理活動、例えば官吏、国土、財産、租税などの管理に役立つこと、それと同時

---

[1] 『ベトナムアーカイブズ史』、2010年、前掲書、104‑107ページを参照のこと。

に、保存資料が、そのような活動に関係のある者の責任を追及する際の根拠となるということであった。
　－歴代皇帝の活動についての歴史書編纂と地理・社会の研究書の編纂に役立てるため。

　このような考え方は、中央と地方の各機関が資料を保存するように求め、あるいは、文書館を建設する必要性について説いた際の、皇帝のいくつかの命令のなかに表れている。各機関に必要ない資料を廃棄することを許可した際、明命帝は念を押して、「合理化の作業にあっても、档案[2]は保存しなければならず、まったく調査できなくなるほど簡略化しすぎてしまっては、曲がったものをまっすぐにする（つまり事実とは異なる‐作者）ことになりよくない。」と念を押さなければならなかった[3]。史書編纂のための史料保存もまた黎朝、阮朝の多くの皇帝が何度も喚起してきた考え方である。それは、史書が「信史」（信頼に足る史書）となるために、史家が資料を集め、注意深く研究し、書き記すことには「すべて証拠がなければならない」[4]というものであった。

　このように、明確な決まりはまだないながら、早くも封建時代から、歴代皇帝は保存資料の実用的な意義と歴史的（長期的）な意義、特に出来事、歴史的事実に対する証明としての価値を強調していた。

　この考えのもとに、封建時代の歴代の政府、具体的には阮朝は保存資料の活用に関するいくつかの施策を行った。具体的には、朝廷の官吏が皇帝に差し上げる毎年の報告を作成するために資料を使うことを許した。そして、対照するために写しをとる、あるいは、監察官が官吏の違反を追求する際に資料を読むために文書館に立ち入ることを許したことなどである。史書編纂事業について、政府は史官が資料を使って皇帝の活動を編年体（日付に従って

---

[2] 档案とは、今現在審査が必要な、あるいは以後長く使用する書類を指す言葉である。
[3] 阮朝の国子監、『大南実録正編』第二集、社会科学出版社、ハノイ、1965年、186ページ。
[4] ヴー・ティ・フン、2005年、前掲書、240ページ参照。

書き記していく方法）の形式に従って書き残し、その後の史書執筆（分析し、批評を加える）の基礎とすることを許した[5]。

6.1.2. フランス植民地時代

　ベトナムを占領し、支配していた時、フランスは先進的な文書保存のシステムをもつ国の一つであった。従って、植民地政権は、資料保存業務は目の前の管理活動に対して有益であること、あるいは、長期的にみたときにフランスにとっても有益であるということをはっきりと理解していた。1909年4月26日付け政令において、南圻総督は保存資料が「植民地の歴史に関する計り知れない価値を持った資料である。なぜなら、それらを通して、我々は以前に起こった事件の経過を把握することができ、フランスの支配が確立されたことを確認できるからである」[6]と認めている。

　1917年11月29日、インドシナ総督は、インドシナ文書保存局・図書館の管理職を設けることについての政令を公布し、その中で、具体的には以下のように、資料の利用と活用について規定していた。

　―それが個人からにしろ組織からにしろ、全ての研究のニーズは、文書保存機関において、文書保存員の指導のもと、無料で応えなければならない。

　―政治、安全保障に関する各種資料と機密文書などは、30年という期間を経た後にのみ利用に供され、これらの資料の研究の請願については全てインドシナ総督がその可否を決定する。

　―個人の資料は、その資料の研究をしたい者がその研究の必要性を証明できる場合にのみ利用に供する。

　―人事、家族、宗族に関する資料は、利用に供される際、インドシナ総督あるいはその資料を管理している文書保存機関の責任者の同意が必要である。

　このように、これらの規定を通して、頻繁に研究され、利用される通常の資料に加えて、植民地政権は、機密性のある資料と個人に関わる資料に対す

---

[5] 『ベトナムアーカイブズ史』、2010 年、前掲書、105‐107 ページ参照。
[6] 『ベトナムアーカイブズ史』、2010 年、前掲書、122 ページから抜粋。

る利用の制限について明確な考えをもっていたということが分かる。これは、フランスを含む他の西洋諸国の保存資料の利用における普遍的な規定であった。

6.1.3. 現代（1945年から現在まで）

第3章においてすでに述べたように、情勢が安定し、政権を強化した直後の1946年1月3日、ホーチミン主席は通達第1C/VP号に署名し、その中で、保存資料は「国家建設にとって特別な価値がある」と認めた。これは短い文章ではあるが、このことを認めた意義は、改めて保存資料の価値について、国の先頭に立つ人物の偉大な思想、それはまた、新しいベトナム政府の共通の思想でもあったが、それを知らしめたということにある。

それから現在に至るまで、全ての重要な文書において、ベトナム政府は、引き続き保存資料の国家の建設と防衛事業に対しての意義と重要な役割を認めている。1962年、政府会議は政令第142-CP号を公布し、文書業務と保存業務についての基本事項を規定し、同時に「我々が維持してきた国家機関や民間団体の書類や資料と旧政権の書類や資料は全て国家の貴重な歴史資産である」と定めた。1982年11月30日、政府会議は国家保存資料保護法令を通過させ、その法令の中で、「国家の保存資料は民族の遺産であり、国の建設と防衛に対して特別な価値を持つ」と明確に規定した。

保存資料が国家の特別な財産であり、遺産であるという考え方について、ベトナム政府は、その価値を継続的に利用する多くの施策を行ってきた。具体的には、以下のようなものである。

－第一には、保存資料の利用と活用についての多くの法的文書、法的規定を出してきた（詳細は第三章を参照）。

－第二には、国内外の機関や個人が資料を入手し利用する際に便利なように、文書保存機関に対し、多くのサービスの形態を研究し実行させた。

－第三には、機密資料に対し機密指定の解除を行ない、入手と利用の期限を定めた。

このような政府の規定の上に、これまで、中央と地方の文書保存機関は、以下のような多くの方法を使って保存資料の価値の利用に努めた。それは調査、対照のための資料の貸出、複写を許す、資料の展示、展覧を行う、資料を公開、紹介する、保存資料の証明書を発行する、映画や写真作品作成のために保存資料を使う、などである。近年、統合と発展の流れに従って、文書保存機関は、新しい方法の研究と実践に取り組んでおり、同時にIT技術を応用して保存資料の利用と活用を推し進めようとしている。
　過去の文書保存機関の保存資料の利用と活用の実践と努力が、資料活用において特筆すべき成果をもたらした。具体的には以下の通りである。
　一北部におけるアメリカ帝国の破滅的な戦争の間、保存資料は山間部や農村に避難させなければならなかった。しかし、軍隊や人民の生産と戦闘のために資料を活用したいという要求には適宜対応した。資料を保管している場所を秘密にしておくため、資料を読んだり、研究したりするための場所は文書館からは離された。従って、研究に供するために資料を移動させるのは極めて困難な、労の多い作業だった。職員が何十キロもの道を、昼夜を問わず、雨も日差しも、爆撃の危険も顧みずに、資料を担いで、あるいは自転車に載せて行かなければならないこともあった。この時期、保存資料は多くの目的のために利用された。第一には、党とベトナム政府がその方針と施策を考えたり、中央と地方の機関が管理、指導活動を練ったりすることに役立てられた。水利、インフラ、防衛関係の施設などを建設する際、あるいは、アメリカ帝国の爆弾によって破壊された橋、工場、民用の建築物などを補修する際にも保存資料を利用して、適切な時期に素早く費用を抑えつつ工事を完成させた。この時期の資料利用サービスの形式は主にその場（閲覧室）で読むか、その機関に貸し出す形だった。資料を掲示したり、紹介したり、公表したりといったその他の形式も行われ始めていたが、それはまだ個別的なものだった。様々な形で、各センターや党とベトナム政府の文書館は、多くの保存資料を機関や人民の研究に供してきた。ハノイ中央文書館だけでも、25年の

活動（1962年から1987年）において、閲覧室において資料を見せる形で、15,000近くの人（その中には315人の外国人がいた）の研究に約200,000の資料を供した。またその他の4000の各種資料の保管施設も、抗米戦争（1954年から1975年）、党の創立から50年（1930年から1980年）、国家の創建から40年（1945年から1985年）、南部解放から10年（1975年から1985年）といったそれぞれの記念の年を総括する事業に奉仕してきた。各センターと国家文書館が行った資料の利用と活用もかなりの成果を収めてきた。第1国家文書保存局センターは、1987年から1992年の5年間で6000近くもの人に対し資料の閲覧サービスを行ない、それによって、30年間（1962年から1992年）の保存資料の利用・活用サービスの総数は20,976人（その中には900人の外国人がいた）となり、何十万もの資料を供してきた。国家文書保存局の統計によると、第1、第2、第3の三カ所の国家アーカイブズセンターは、5年間（1996年から2000年）で8,835人もの研究に33,560の資料を供給し、中央官庁の文書保存機関は279,100人に342,000もの資料を供給し、各省、各中央直轄市の文書保存機関は432,100人に534,000もの資料を供給した。2002年から2004年の3年間、多くの省の文書保存センターでは、資料を研究するために訪れる人の数は以前に比べ格段に多くなった。とくに際立つのは、ホーチミン市の5,120人、ダナンの5,000人、ビンディンの4,265人であった。

－保存文書の掲示、紹介というのは、各文書保存組織が主体的に行う資料活用の形式であり、それは積極的に展開され、著しい成果をもたらした。

　1975年から1986年までに、党中央歴史研究委員会と党歴史研究院は『党文献1930～1945』（1977～1978年出版）、『党文献1945～1954』（1978～1979年）や『党文献1951～1952、1953～1954第Ⅲ集』（1980年）などの研究の中で、党の文献を公表してきた。また、保存文書の中から、歴史研究委員会と歴史研究院は、党の歴史についての多くの研究を編纂したが、その中には、『党の歴史的事件第Ⅰ集』（1976年）とその第

Ⅱ集（1979年）、『ベトナム共産党の活動50年』（1979年）、『ベトナム共産党の歴史的事件』（1981，1982年）などのような代表的な研究がある。地方の党の歴史研究委員会は、党中央歴史研究委員会の援助と協力により、多くの資料を使用して、地方の党の歴史についての価値ある研究を残してきた。1980年から、ホーチミン全集の出版に関するベトナム共産党中央政治部の1978年1月7日付け決定第07-NQ/TW号を実行するため、ハノイ中央文書館は、マルクス・レーニン学院と協力して、全集に入れるホーチミン主席の文章を選別した。また、この時、文書館は、『ホーチミン主席が署名した政府の法律文書』、『ホーチミン主席の文章』、『ホーチミン主席の演説』そして『ホーチミン主席の活動の年代記』という4テーマの全集を編纂した。これはホーチミン全集の出版、および偉大なホーチミン主席の経歴、事跡、思想と生涯についての研究に多大な貢献をした。

　何千ページにも及ぶ保存資料の選別と整理によって、ホーチミン全集とホーチミン選集は出版された。この二つの本は1919年から1969年までのホーチミン主席の重要な作品と文章を集めたものであり、「計り知れない価値を持つ精神的な財産であり、ホーチミン主席が救国の道を求め、ベトナム革命に対する戦略と方策を考え出した過程を生き生きとまた深く伝えていると同時に、主席がベトナム共産党とともにベトナム革命を指導し、次々と成功させていった過程も伝えている」。この本をつくる過程で、党と政府の文書保存に携わる人々は、資料の検索、検証と選別において重要な貢献をし、彼らの貢献によって、この本は、学者と中央と地方の党と政府の多くの機関に属する研究、文書保存、編修、出版の職員たち大勢のチームによる学術的功績となったのである。現在まで、党とホーチミン主席の多くの資料が広く公開されることによって、国内外の学者がより簡単に、便利に保存資料にアプローチできる環境が整ってきた。特に1995年から、党中央委員会書記局と政治局が『党文献全集』の出版を計画したとき、党中央委員会事務局はまた、党の形成と発展の過程において最も重要な文献の出版委員会と草稿作成指導

委員会のために、資料の探索、検証、選別と供給に取り組んだ。2007年、54集から成る、1924年から1995年までの期間の『党文献』が完成し、読者の閲覧に供された。『党文献全集』は大部の著作であり、ベトナムの思想‐理論遺産の中でも高い価値を持つものである。『党文献全集』はまさに、ベトナム革命の各時期を通じての党と政府機関の文書保存業務に携わる多くの世代の職員の大きな功績を記したものであるといえる。

それに加えて、マスコミに資料を公表し紹介するという形式で、各文書保存機関はまた、ニャンザン紙、クアンドイ・ニャンザン紙、ハノイ・モイ紙などの新聞紙上に、あるいは『ベトナム文書保存』、『歴史研究』などの雑誌上に何百もの文章を掲載した。それらの文章は、研究者にとって、多くの面で豊かな文書館ともいうべきものであり、彼らが直接一次資料を用いて研究し、保存資料とその他の資料のソースを照らし合わせて、それぞれの歴史的事件や人物についてより正確に評価できるようにした。

－資料の展示、展覧を行う、とは資料の利用・活用の形式の一つであり、最近、各文書保存機関が、その機関で資料を研究する環境がない場合に、一般の人々に広く資料を宣伝、紹介するためによく使われる形式である。1998年に初めて、文書保存局はベトナム革命博物館と協力して、我々の抗米戦争を支持した世界の民衆運動について3,200ページに及ぶ55集の資料と121の写真の展示を行ったが、これまで各文書保存機関は関係機関と連携して数々の展覧会を行ってきた。例えば、「教育分野におけるベトナムとロシア連邦の友好関係」、「ベ

写真：ハノイの国家第1アーカイブズセンターで開催された展覧会「阮朝硃本の御批1802～1945」
（国家第1アーカイブズセンター所蔵）

第6章 保存資料の利用と有効活用

トナム‐ラオスの特別な関係展」「ホーチミン主席と中国」「ホーチミン主席とロシア」「パリ会議‐両陣営の視点からの保存資料」「保存資料を通してみる崑崙(コンロン)群島(ベトナム南部、バリアブンタウ省に属する群島:訳者注)」「阮朝硃本の御批1802～1945」などは多くの人が訪れ、高く評価された。

―保存資料の中の情報に基づく印刷物の編集、出版は資料利用の一形式であり、多大な時間と労力の投資を必要とする。1997年、国家文書保存局と国家第1アーカイブズセンターがフランス極東考古学院と協力して『東京義塾詩文』を出版し、北圻大使文書保存部、ナムディン公使館、ハードン公使館に残され、現在は国家第1アーカイブズセンターに保管されている東京義塾の詩文作品を公開した。公開された東京義塾の詩文によって、20世紀初頭のわが人民の革命闘争運動の中の一つの重要な文化、政治運動の改革革新と文芸事業の趨勢が明らかにされた。

―1998年、国家文書保存局は『阮朝硃本目録』を出版した。この本は、嘉隆一年(1802年)から保大二十年(1945年)までの阮朝歴代皇帝の御覧、御批になる文書734集を一般に広く公開、紹介する作品である。これは、ベトナムにおける100年以上にわたっての阮朝の政治、経済、文化、社会など全ての面において多様で豊富な情報をもった一次資料である。

―1999年、国家文書保存局は、漢喃研究院とフランス極東考古学院と協力して『北圻村落の地名と保存資料』を出版した。北圻27省の村落のリストと並んで、この本は、国家第1アーカイブズセンターが現在保管しているハーナム、ハードン、フンホア(フー

写真:『阮朝硃本目録』
(インターネットより)

トー)、ナムディンの各省における社、村、県の39の行政地図と北圻の各省に属する村落についての4000もの保存資料を読者に提供した。

－2000年、首都ハノイ990周年にあたり、国家第1アーカイブズセンターは『保存資料を通してみるハノイの歴史』という作品を公開し、その第一集は『1873年から1954年までのハノイの行政区画』という題名だった。この作品は、1873年から1954年まで、その成立から変化の過程を通してハノイの行政区画の分け方が分かる保存資料・史料の内容をまとめたものである。この作品は、保存資料という情報源を参照でき、ハノイについて新しく探求するのに役立つ有益なツールであり、ベトナムの文書保存に携わる人々のタンロン（以前のハノイの名、昇龍：訳者注）‐ハノイ990周年、1000周年記念に対する具体的な貢献であると評価された。

－2004年、国家第2アーカイブズセンターは『阮朝木版‐総目録』を出版した。この本は、現在センターに保管されている5万5千以上もの版木をもつ木版資料群の全てを国の内外の読者に広く紹介することを目的に、注意深く研究、分類、系統化、翻訳したものである。またこの本は152巻の書籍について紹介しているが、それらは主に三つの大きなグループに分かれている。それは、『欽定（欽定越史通鑑綱目）』、『寔録（大南寔録）』、『政要』といった阮朝の正史である。そして、保管と利用が便利にできるように、木版資料の全ての版本は主題、作者、作品、年代、文字に従ってCD-ROMに記録され、読者が研究したり、あるいはこの多様で豊富で巨大な全部の木版資料群の中のどのページでも印刷できる環境をつくり出したのである。

6.2. 保存資料の価値の利用における結果と成果

　上述のような考え方と具体的な施策によって、封建時代、フランス植民地時代から現代にいたるまで、ベトナムにおける保存資料は多くの様々な目的のために利用・活用されてきた。以下は、保存資料の利用と価値の活用におけるベトナムの文書保存界の成果である。

6.2.1. 管理分野において

　管理業務にとって、保存資料は欠かせない情報源である。保存資料の中の情報を利用することによって、政府の各機関、各組織は、管理業務に関する決定を出す、あるいは出された決定の実行に対する監査や評価をするための根拠や土台を得ることができる。

　この意味において、早くも封建時代から歴代の朝廷はこの目的のためによく保存資料を利用していた。現存する資料の記述によると、毎年朝廷は、皇帝の命令や政府の法律の実行にあたっての違反、公の財政や財産を管理するにあたっての違反、あるいは宮殿や城郭を建設するにあたっての違反を発見するため、監査チームを選んで各官庁に保存された資料の整理、調査を頻繁に行わせた[7]。特に、阮朝の時代、地簿（村落、戸ごとの土地についての台帳）が十分に保存されていたので、朝廷はこの資料を使って土地の管理、住民の管理、租税の徴収、それに関わる係争の解決などを行なった[8]。

　フランス植民地時代に保存資料は、ベトナムへの侵略と植民地の平定、開拓あるいは愛国運動の弾圧や歴史、文化、教育などの研究という目的のために使われた。それに加えて、民生に関する問題の管理、土地の管理、都市の管理を行うにあたって、封建時代の保存資料も植民地政権のために利用された。インドシナ文書保存総局・図書館の報告によると、1932年にハノイ文書館は144の人の研究に対して831の資料を提供し、一方、南圻文書館は97の研究要請に対し667の資料を提供した。1933年にハノイ文書館に対して研究要請した人数は308人で、1,175の資料が提供され、南圻文書館は、185人に対して969の資料を提供した。この時期は、主に植民地政権の現実的な要求に対して答えるために保存資料が利用された。歴史の研究や総括のような長い目で見たときに有益となるような目的のための保存資料の利用はまだ限られていた。

---

[7]　『ベトナムアーカイブズ史』、2010年、前掲書、104 - 105ページを参照のこと。
[8]　『ベトナムアーカイブズ史』、2010年、前掲書、104 - 105ページを参照のこと。

現在では、毎日、毎時間、以下のような目的のために保存資料の中の過去の情報、そして将来を予想する情報を利用していることは明らかである。それは、プログラムや計画を策定する、組織、人事、財政についての様々な管理面での規制、規定、決定の公布などの目的である。保存資料は、管理責任者がプログラムや計画を実行していくための教訓を引き出すために利用される。それに加えて、保存資料はまた、各機関、組織、企業がその活動の過程において結果を監査し、検査し、評価したり違反を処理したりする際に証拠となり、根拠となるものである。

6.2.2. 政治分野において

政治の分野では、ベトナムにおける保存資料は、国境と領土の問題において、国家の主権を証明し、衝突を解決するための証拠として使われてきた。保存資料はまた、外交や軍事の分野で歴代政府の方針と政策を研究するために使われ、そこから総括と評価が得られ、それらは後に続く時期の方針と政策の基礎となる。特に、多くの国土防衛戦争を経験した国として、保存資料は敵の勢力の陰謀と手口を暴き、戦争の罪悪を訴えるために使われる証拠でもある。加えて、ベトナムにおける保存資料は、国家安全保障と社会秩序維持を助け、犯罪の抑止、防御、調査、追及に役立てるために使用される信頼できる情報源である。以下は具体的な例証である。

－特筆すべき初めの成果－これはベトナムが保存資料を効果的に利用、活用して主権を主張し、それを守り、同時に国境に関する紛争を解決した例である。ベトナムは、面積はさほど大きくないが、東アジアと東南アジア地域の各国との貿易に有利な場所に位置し、太平洋地域の何千キロメートルにもわたる海岸線を支配している国である。このような特別な位置にあって、ベトナムは常に、隣国と地域の国々との間での主権や国境についての問題を解決しなければならなかった。領土と領海における主権争いは、特に、隣国中国との間で過去も現在も起こっている。国境問題を解決するために、ベトナムは以下のような保存資料を使用した。それは北方の国境地域の村における

第 6 章 保存資料の利用と有効活用

阮朝政権の徴税文書、黎朝期の地図や境界地帯の官職に任命する文書などであり、それらにより係争地域に対する封建王朝の支配権を証明したのである。

写真：クァンガイ省で開催されたベトナムの海上の主権を示す地図・資料の展覧会
（インターネットより）

2009年、幾度もの会談の後、ベトナムと中国は国境画定計画を実行し、完遂することに合意し、1,449,566キロメートルにも及ぶ国境線の全てに杭を立てることにした。その杭は全部で1,971本（1本のベトナム・中国・ラオス3国の国境を示すものと、1,548本の主となる杭、422本の副の杭）[9]であった。この大仕事を完遂するため、双方は会談と交渉の場で保存資料を利用したが、その主なものは封建時代とフランス植民地時代のものであった。国境の画定と杭を立てるのに使われた主な保存資料の一つは、フランスと清朝（清国）との間で結ばれた1887年6月26日付け国境画定条約と1895年6

---

[9] http://www.bienphongvietnam.vn/cong-tac-bien-phong/duong-bien-moc-gioi/234-dlbmg14.html より引用。

月20日付け追加条約であった。ベトナム－中国間の国境問題の解決は二国間の関係にとって重大な歴史的意義をもった出来事であったが、そこには保存資料の少なくない貢献があったのである。

ここ数年、ベトナムと中国の間の海上の島々の主権問題が喫緊の問題となってきた。2014年5月1日、中国は海上掘削プラットフォーム「海洋981」をベトナムの主権の及ぶ地域に属するホアンサ群島（パラセル諸島のこと：訳者注）近くのビエンドン（東海）海域（南シナ海のベトナム側の呼称：訳者注）に送り込んできた。衝突、紛争を法によって平和的に解決する方針に沿って、ベトナム政府は中国に反対する声明を出すと同時に、多くの保存資料を使い、また公開してホアンサ群島、チュオンサ群島（スプラトリー諸島のこと：訳者注）に対するベトナムの主権を証明しようとした。公開された保存資料の信頼に足る証拠を前にして、国際社会は一斉にベトナム支持の声を上げた[10]。現在、この問題は一時的に鎮静化しているが、海上の島々に対するベトナムの主権防衛の問題はおそらく続いていくだろう。従って、この目的のための保存資料の使用もまだ終わることはない。

－二つ目は、フランス植民地帝国とアメリカ帝国、そしてその他の敵勢力の罪悪を証明し、非難し、我々の防衛戦争の正当性を明らかにするための保存資料の利用と活用である。

八月革命以後、外交闘争に役立てるため、1945年9月7日、内務省は、フランス植民地帝国のベトナムにおける罪悪を明らかにする本を編纂するために、統計や写真などを収集する通知を公布した。出版された本は、国内の同

---

[10] 以下の資料も重ねて参照のこと。
- 外務省（国家国境委員会）：『ホアンサ群島とチュオンサ群島に対する主権の行使についての阮朝朱批選集』、2013年、知識出版社、ハノイ。
- グエン・ヴァン・ケット、レ・フイン・ホア：「ホアンサ群島とチュオンサ群島に対するベトナムの主権の防衛における国際法の視点からの保存資料の役割」『ベトナム記録管理・文書保存』12/2012号、10ページ。
- http://vi.wikipedia.org/wiki/Vụ_giàn_khoan_Hải_Dương_981

第6章 保存資料の利用と有効活用

胞と国際社会の友人たちに事実を明確に理解させ、ホーチミン主席の政府を支持し、早期にベトナム民主共和国を公認させることに貢献した。抗米戦争中、アメリカがベトナムにおいて引き起こした罪悪を明らかにするための保存資料の使用については、アメリカによる枯葉剤散布、ミーライにおける虐殺、北部での爆撃などに関する写真が多くの国際的な雑誌に掲載されて、世界中で、そしてアメリカの中心地においてさえも戦争に反対し、アメリカ軍に撤退し帰国するよう求めるうねりを起こしたのである。

　三つ目は、保存資料が、安全保障と社会秩序維持に役立てるために使われてきたということである。フランス植民地時代とアメリカ傀儡政権時代の多くの資料は、安全保障機関によって利用、活用され、北方の国境や西南の領海上の境界そしてタイグエン（Tây Nguyên）などの地域における反動的組織の陰謀と手口を研究しようとした。その作業の上に、防犯あるいは捜査、包囲、完全な排除の計画を立てた。特に、証明書保存庫の資料（指紋を残してあるもの）や社会秩序を攪乱する者についての書類などの公安分野の保存資料が犯罪者の調査、特定、追及のために使われた[11]。

　四つ目は、保存資料が地域あるいは世界の国々との外交関係を築き、維持し、発展させるために使われてきたことである。現在、ベトナムは世界中の殆どの国と二国間のあるいは多国間の関係を結んでいる。過去、中国、ソ連、キューバなどの各国による、戦時下のベトナムに対する協力、あるいは困難な時期におけるベトナムへの経済的な援助に感謝するため、また日本、フランス、アメリカなどの国と外交関係を正常化し、文化、経済協力関係を発展させるために情報を供給することを目的として、多くの保存資料が公開され、紹介され、また展覧されてきた。近年頻繁に開かれてきたベトナムと各国の

---

[11] http://vnca.cand.com.vn/Truyen-thong/Lang-le-lap-cong-tu-tang-thu-ho-so-nghiep-vu-331621/ならびにhttp://cstc.cand.com.vn/anh-hung-mac-thuong-phuc/Pha-an-tu-nhung-trang-ho-so-348408/も重ねて参照のこと。

外交関係樹立の何十周年といった記念の際の保存資料の展覧は、ベトナムの国際社会への参加を後押ししてきた。

6.2.3. 経済分野について

封建時代とフランス植民地時代において、経済の管理と発展のための保存資料の使用は行われたが、それほど顕著ではなかった。阮朝時代において地簿資料は土地管理のために使用され、また毎日の気候と川の水深を記録した資料は長い間保存され、民衆が遅れずにそれに対処し、農業牧畜をそれに合わせて調整できるように、天候と暴風洪水の予報を目的として使われた。フランス植民地時代には、地図や地理に関して記録した保存資料が植民地政権によって、交通路（道路と鉄道）の設計、工事の際に使われたり、あるいは土地や土壌に関する資料がプランテーションの建設、コーヒーやゴムのような商品作物地域の開発、植民地の開拓の目的で使われた。

現代において、経済発展のための保存資料の使用は重視されてきた。戦後、ベトナムは経済の復興と発展に集中的に取り組んできた。この時期、保存資料の情報は、国家の、あるいは各分野、各地方の経済発展計画（長期、短期）の立案の根拠、基礎としてよく利用、活用された。保存資料の情報のおかげで、それを他の資料と組み合わせて、ベトナム政府は、3か年計画（1958年から1960年）や5か年計画（1961年から1965年）そしてその他のそれに続く長期計画を立て、成功させてきたのである。経済復興期には、フランス植民地時代のインドシナ総督府、北圻大使、鉄道会社、インドシナ公務監査総局の保存資料からの交通に関する資料が、工事建設のための検証と設計の時間を短縮し、経費の面で節約し、ハノイ駅、ハイフォン港や南北縦断鉄道、あるいは戦争で破壊された主席府、バックマイ病院、ハノイ市大劇場などの各種水利工事、各種建築物、民生施設を早急に修繕するのに役立った。保存資料の情報はまた、中部―タイグエン地方経済区、紅河デルタ、メコンデルタなど経済特区の計画に役立てるために機関によって使われた。適切で実現可能な計画、プロジェクト、企画を立てるために、各地方の経済社会の

発展状況に関する統計、住民や土地に関するデータや各地の交通、水の量、雨量の状況に関する情報など、保存資料から多くの情報が管理者によって利用、活用されている。

特に、石油、石炭、ボーキサイトなどの資源、鉱石の探査と開拓のために活用される保存資料の情報によって、政府は時間、労力、資金を節約できる。現在、石油文書保存センターは、保存資料から多くの情報を提供して、機関や企業がベトナムの土地で新たに石油を開拓するのを助けている場所の一つである。

6.2.4. 学術分野において

我々は学術分野においては継続性が必要であることを知っている。誰であれ、何かしらの問題について研究を行う者は、先達の研究状況と研究結果を参照しないわけにはいかない。従って、自然科学と社会科学の研究成果は、実践に応用された後、保存されて後続の研究のための参考資料となるのである。ある学者の有名な言葉に、「私は巨人の肩に立つがゆえに偉大になれたのである」というのがあるが、それは先達の研究結果を継承し活用することの価値を訴えているのである。加えて、保存資料の情報を系統立て、分析するならば、人類は自然と社会の多くの問題を理解することができるだろう。別の角度から見ると、保存資料の情報は発明と創造の基でもある。

学術分野において、保存資料は特に歴史学分野に対して価値をもつ。実際に、保存資料は特別な史料の資源であり、最も高い価値と信頼性をもつ。なぜならほとんどの資料が歴史的な事件と同時につくられたものであり、そのためその資料は事件について客観的に真実を伝えているからである。保存資料の活用は、歴史家が歴史を再現する助けになるだけではなく、歴史的事件や人物の真実性や正確さの確認において特別な価値を有し、各機関、各地方がその活動や発展の過程における成果や教訓を総括するための信頼できる情報源なのである。

そのような価値をもつため、早くも封建時代から保存資料は、歴代の政府によって活用され、『大越史記全書』（黎朝）、『大南寔録』（阮朝）などの歴史書が編纂された。『大南寔録先編』、『大南寔録正編』、『明命政要』、『欽定越史通鑑綱目』など、何千ページにもおよぶ多くの集をもち、高い歴史的価値を有する大部の歴史書を編纂するために、史家は内閣に属する曹や所のアーカイブズによって供給された多くの文書を使う必要があった。阮朝の時代、『會典』、すなわち朝廷の組織機構に対応する部門ごとに系統付けられた皇帝の詔、旨、諭、勅、令の一次資料を集めたものが編纂された。例えば、『欽定大南會典事例』は1851年に完成し、嘉隆一年（1802年）から嗣徳四年（1851年）の文書を集めた。さらにその後、『欽定大南會典事例集編』が1817年に印刷され、それは嗣徳五年（1852年）から維新八年（1914年）の文書を集めており、当時だけでなく、現在そしてこれらも高い研究の価値を有する文書を公開し紹介するものとなっている。

現代において、ベトナムにおける歴史研究は特に重視されている。保存資料の特別な価値が理解されるようになり、近年ベトナムの歴史家は歴史研究において欠かすことができない情報源として保存資料を利用、活用してきた。

封建時代のベトナムの社会生活の民族史と他の分野の歴史を再現するために、古い書籍の情報を活用することとならんで、これまでの長年の間、史家は硃本や地簿（現在国家アーカイブズセンターに保管されている）などの保存資料のリソースの利用、活用を強化してきた。代表的な研究としては、村落と土地制度に関する研究、国家機構と官吏組織に関する研究、タンロン－ハノイに関する研究などである。

ベトナム現代史の研究においては、この時代に関する保存資料がかなり多いことから、ほとんどの歴史研究が多かれ少なかれ保存資料からの情報を利用、活用している。最近では、党史の研究、抗仏・抗米戦争史、そしてとりわけ二つの大きな研究、つまり国会の歴史と政府の歴史などのいくつかのテーマの歴史研究を進める際には、作者は党の各文書保存機関、国家アーカイ

第6章 保存資料の利用と有効活用

ブズセンターそして地方のアーカイブの保存資料を徹底的に活用してきた。そのため、これらの研究は学者ならびに読者から歓迎され国内外の研究者からその信頼性について高く評価されている。なぜなら多くの一次資料と保存資料を用い、明確で具体的な出典を記しているからである。ベトナム共産党史の分野においては、党中央歴史研究委員会（1962年から1982年まで）と現在の党歴史学院が60の作品を編纂し出版してきた。また、地方の党史研究機関が1,500近くもの作品を出版し、その中で極めて多くの党中央委員会事務局文書館や地方の省委員会、県委員会のアーカイブからの資料を使っている。

それに加えて、保存資料はベトナムの歴史に関する多くの問題を明らかにするために研究されている。具体的な例として、90年代に党中央委員会文書保存局がロシア連邦のアーカイブズセンターで収集した資料によって、1930年のベトナム共産党設立、党の第一回大会（1935年3月）における人事、党の前身機関や20，30年代における外国での指導者グエン・アイ・クォックと革命戦士の先達の活動などに関してより明らかになった。

経済のテーマに関して、地簿、納税記録、戸籍と封建時代の歴代皇帝の勅、旨、諭、令の形式で出された経済政策は以下のような研究において史家が使用している。それは、グエン・ディン・ダゥの『開墾、村落形成の歴史における南圻六省の公田公地制度』、ヴー・フイ・フックの『19世紀前半のベトナムにおける土地制度についての考察』（1979年、社会科学出版）、『19世紀前半のベトナムの土地制度と農業経済』（ヴー・ヴァン・クアンの歴史科修士論文）、ファン・フイ・レ教授の「阮朝における鉱山開発事情」（雑誌『歴史研究』1963〜1964、第51，52，53，64号）。特に最近、経済分野において、多くの朱批、地簿資料が史家によって深く研究し始められている。ファン・フイ・レ教授が主編の編集チームによる『ハドン地簿』と『タイビン地簿』、ファン・フォン・タオ博士の『地簿資料を通してみるビンディンにおける1839年の軍田政策』（2004年）などの新しく研究され出版された

いくつかの研究では、それぞれの省の地簿に記述されている資料を集め処理している。グエン・ディン・ダウ教授によると、阮朝の地簿からの数字とデータを研究、分析、統合することによって、多くの問題、特にベトナムの伝統的な土地所有の制度と仕組み、あるいは200年近く前に形成された社、村から惣、県、府、省までの全国の歴史的な地理の変遷が分かるという[12]。

　戦争の歴史のテーマに関して、保存資料はまた防衛戦争におけるベトナムの成果と経験、そして得られた教訓についての研究と総括をするために使われてきた。それは、例えば、『ベトナム軍事史』（14集、1999年から2014年まで出版）と『ベトナム軍事思想史』（5集、2014年出版）などである。

6.2.5. 文化、社会分野において

　文化‐社会の分野において、保存資料の情報は各国の文化、各民族の文化、地域、地方の文化研究に役立てるために利用、活用されている。現在に残された保存資料は、世界が価値ある多くのベトナムの文化遺産、資料遺産を認め、評価するための信頼できる材料として、ベトナム人の伝統文化の価値を明らかにするのに貢献している[13]。保存資料の情報を土台にした文化についての研究は、世界の同胞にベトナムの文化を紹介する、あるいはその逆に世界の文化をベトナムに紹介することに貢献し、それはつまり文化交流の促進にも貢献することになる。それに加えて、戯曲家、映画や舞台監督なども保

---

[12] ヴー・ティ・フン『阮朝の国家管理文書（1802-1884）』、2005年、ハノイ
[13] 過去、ベトナムには四つのユネスコ公認の記憶遺産があった。それは、
－2009年7月31日にユネスコに認められたベトナムにおける初めての記憶遺産である阮朝の木版。この木版は現在ラムドン省ダラットの国家第4アーカイブズセンターに保管されている。
－2010年3月9日に世界記憶遺産に登録された、タンロン文廟の進士の碑文。
－2012年5月16日にユネスコが世界記憶遺産に認定したヴィン・ギエム（栄厳）寺のチュック・ラム（竹林）派の禅宗経典の木版。
－2014年5月14日にユネスコの世界遺産に公認された阮朝朱批（この巨大な資料群は現在、ハノイ市、カウザイ区、イエンホア町、ヴー・ファム・ハム通り18番にある国家第1アーカイブズセンターに保管されている）。

存資料を利用、活用して、過去の歴史時代についての台本や映画のために社会的背景を設定したり、衣装や道具をつくったりしている。

社会管理の分野において、保存資料はベトナムの担当機関によって、功績のあった者、特殊な社会的環境にある者に対する優遇制度と政策を実施し、民族政策と宗教政策を行うために使われてきた。現在の環境、すなわちベトナムが統一と経済発展の時代にある中で、保存資料は、都市管理、住民管理の分野でより多く利用、活用されるようになっている。

教育の分野において、ベトナムは教育の発展のための戦略と計画を立案するために多くの保存資料を利用してきた。特に伝統教育の分野においては、保存資料の価値が積極的に有効活用されてきた。若い世代が、先の世代の犠牲と貢献を尊敬し、尊重するように、宣伝活動において、歴史教育において、悲惨ではあったが誇るべき過去を再現することを目的としている博物館において、激しかった戦争時代についての保存資料が活用されている。歴史的なディエンビエン戦役（ディエンビエンフーの戦い。1954年、抗仏戦争（第一次インドシナ戦争）中で最大の、ベトナム側の勝利を決定づけた戦い。：訳者注）やホーチミン戦役（1975年4月26日から1975年5月2日までのサイゴンにおける作戦。この結果、サイゴンは陥落し、ベトナム戦争は終結した。：訳者注）のときのヴォ・グエン・ザップ大将の署名入り命令書やグエン・ヴァン・タックとダン・トゥイー・チャムの日記、1975年に統一会堂に解放軍の戦車が進撃していく写真など、それだけでも何万、何十万という青年の心を震わせてきたのである。この面での保存資料の価値は実に計り知れないものである。

医療の分野において、病院の診断書を活用することで、医療部門が多くの病気の進行と症状を研究することができる。特に、熱帯地域の病気についてその予防策と治療法を考え出すことができ、中でも、「現代的」性格をもった病気が日に日に多様で複雑になってきている時には尚更である。

社会の面では、保存資料は、人民の正当な要求に応えるために利用されている。実際に、ベトナムならびに各国では、ほとんど全ての人が、誰であれ一度は自分自身に関する情報を確認するために保存資料を利用する。それは、履歴、仕事時間、学歴、賞罰などを確認する際などである。また、財産の所有、相続問題を解決するために、保存資料を利用して、身許関係を証明することもある。また、それに加えて、最近では、保存資料は、知的所有権を証明、確定するために使われる証拠となることもある。それは、例えば、文学作品の版権、歌や写真の著作権、発明や創造に対する権利などである。

第7章　文書保存分野における研究と応用ならびに国際協力

　文書保存は、部門横断的な性格をもつ分野である。文書保存活動を効果的に計画、実行するために、ベトナムならびに各国は多くの部門、多くの分野の科学的、技術的成果の研究と応用を行う必要がある。また同時に、文書保存の理論と実践方法について各国とともに考察し、学び合い、共有するために国際協力を強化していかなければならない。

　封建時代にも、文書を保存する方法の研究はあるにはあったが、まだはっきりとした形をもっていなかった。現存の資料によると、明命帝時代に、蔵書楼という文書館を建設した際、それを2階立てにして、上階に資料を保存し、下階には硫黄を撒いてネズミなどが本を損なわないようにした。これによって、早くもこの時代から、阮朝は資料保護において、硫黄を研究し使用していたことが分かる。それに加えて、政府は詔、旨、冊封などの皇帝の重要な文書を公布するときは、良質の用紙を使い、長く保存できるようにすべきである旨を規定していた。

　フランス植民地時代には、大規模な研究活動は行われていなかったが、文書保存活動はヨーロッパの先進的文書保存、具体的にはフランスの文書保存の科学的、技術的研究とその成果の応用を基にして行われていた。加えて、実地に応用する際、文書保存機関はベトナムの特殊性に注意した。それは、文書館をつくるとき、書架に鉄木を使って熱帯の気候に合うようにしたり、ベトナムの資料の実情に合わせて分類の枠組みを構築したりといった具体的取り組みの中に見て取れるのである。またその他にも、きちんと文書保存を行うために、植民地政府は、専門家（ポール・ブデのような）を派遣して北圻・中圻・南圻の実情の研究、考察を行わせ、その上で計画を立てインドシナ総督に報告した。ベトナムを含むインドシナにおける資料の実情と文書保存活動の実際についてのポール・ブデの報告は、理論に基づいたしっかりとした文書保存を実施する方法を考えるための土台として使用されたのである。

現代において、実際に研究活動が頻繁に行われるようになったのは、首相府付属文書局が設立され、大学、大学院に文書保存分野の専門的教育施設ができた後の前世期の60年代初頭になってであった。

ここ数年の文書保存に関する研究活動は、主に文書保存の管理機関、専門機関、研究・教育施設において行われてきた。以下は現代の文書保存分野における研究と応用、そして国際協力活動の成果である。

7.1. 文書保存分野における学術的研究活動

7.1.1. ベトナム国家文書保存局の学術的研究活動

首相府付属文書保存局は設立後すぐに学術研究を開始した。しかし、初期には特任の部署がまだなかったため、研究活動はただそれぞれの専門の活動を通じて行われていた。1985年、科学技術室が設立され、その任務は学術的、技術的な研究活動を管理することであった。1988年になり、科学研究センター（現在の記録管理・文書保存科学技術センター）が設立された。このセンターは学術的、技術的活動の管理と研究を行ない、記録管理・文書保存についての研究成果を実践へ応用するという役割を担った。それから現在まで文書保存局の記録管理・文書保存分野における学術的研究は恒常的になされたが、それは、国、機関、部署の各レベルでの学術研究の量と質に反映されている。

2012年まで、50年間の活動の中で、国家記録管理・公文書館局は100以上の国と部署レベルのプロジェクト、題材、テーマについて研究を行ってきた[1]。その研究内容は以下のような大きな問題に集中していた。それは、文書館網の構築、ベトナム文書保存専門用語辞典の編纂、文書館の資料の選択方法、資料公開の規則と方法、保存資料の保管技術、国の保管資料を自動で

---

[1] グエン・ティ・トゥイー・ビン、グエン・トゥイー・チャン「1962年から2012年までの国家記録管理・文書保存局による学術研究事業」『ベトナム記録管理・文書保存』8/2012号、25−31ページを参照のこと。

第7章　文書保存分野における研究と応用ならびに国際協力

検索できるシステムの構築を目的とした情報学の応用に関する規則と方法などであった。文書保存事業を発展させるために、まず初めに問題となるのが、専門の概念と用語の統一である。この問題を解決するために、国家記録管理・公文書館局は文書保存の専門用語についての研究テーマを進めてきた。1986年、その結果を基に『ベトナム文書保存専門用語辞典』が編纂され、出版された。それから現在に至るまで、三つのテーマで研究が続けられ、ベトナムの記録管理・文書保存の専門用語を改善してきた。

　保存文書の価値の確定と収集および補充は、国家の文書保存機関に属する保存資料の内容を決定し、選択し、最適化するための文書保存の重要な業務内容である。このため、国家記録管理・公文書館局ではその業務に取り組み、研究計画の中にこの分野に関する多くの部署レベルの研究を優先的に組み込んできた。その研究は資料の価値を判断する共通の規則と基準を定めることに集中していた。そこから更に、次のような特殊な性質をもつ各種資料に対する資料価値の判断基準の研究へと進んでいった。それは、インフラ工事の際の設計資料、学術研究資料、地図資料、会計資料、個人の資料、映像、写真、録音資料、経済組織の資料、電子資料などである。この研究を基に、国家記録管理・文書保存局は国家あるいは省や県のアーカイブズに収集、補充する価値をもつ資料のソースと内容を確定する作業が続けられている。

　保存資料の利用と活用は、保存資料の価値の効果的な活用において高い位置を占め、また大きな意義をもっている。各国家アーカイブズセンターに保管されている保存資料の価値を効果的に活用するため、また資料の利用、活用業務における実践の問題解決に役立てるため、国家記録管理・文書保存局は、保存資料公開の規則と方法に関する問題の解決に特化した、高速で正確な情報検索を可能にする高度なツールシステムの構築について、また阮朝朱批資料の構築と利用について、そして各国家アーカイブズセンターにある保存資料の機密指定解除の規則に関するいくつかのテーマの研究を進めてきた。

　保存文書の利用、活用、そしてその価値の活用のニーズに応えるため、国

家記録管理・公文書館局は、この分野における業務上の諸問題を解決する研究をしてきた。その問題とは、検索ツールシステム構築の規則と方法；国家アーカイブズセンターの保存資料のレヴューを作成し系統的に整理する方法；資料の公開；保存資料の統計；資料情報分類の枠組み；行政資料、インフラ建設資料と写真、録音資料の整理手順；文書保存機関に対する指導書編纂のルールと方法；資料の機密指定解除；歴史資料文書館（長期あるいは永久保存し後世に残す価値があると判断された資料：訳者注）における保存資料の利用についての業務の改善、改革方法、などであった。

　ベトナムは熱帯で、季節風の吹く地域にあるため、温度と湿度がとても高く、虫やカビが多く繁殖するため、資料の安全な保管は、文書保存に求められる重要な業務である。そのため、国家記録管理・公文書館局は、資料の安全な保管と資料の寿命を延ばす業務において、実践的な問題を解決する研究に投資してきた。その問題は複雑であり、実験のために時間と労力と経費をかける必要があった。前世紀の80年代、国家記録管理・公文書館局は、全国の文書館の虫を駆除するため、化学物質であるリン化アルミニウムの使用を研究した。現在、生物学と化学的な技術の長足な進歩により、リン化アルミニウムをつかった駆除の方法に代わって、多くの新しい方法が開発されている。例えば、紙の資料に対する害虫駆除実験を基にした化学物質と燻蒸による新しい駆除方法などである。

　最近、中央と地方において文書館の建設を進める方針が決定され、ベトナムにおける専用文書館の建設技術水準を決める研究が進められた。それに基づいて国家記録管理・公文書館局は、各文書館の建築物の設計、構造、技術そして各種の設備について指導する文書を公布することができるようになった。

　文書保存に関する研究活動において、これまで長い間、ベトナムの文書保存機関は標準化の問題に関心をもってきた。70年代にはベトナム国家文書保存局は、国家の管理文書の標準化に関する研究に着手した。現在、文書を

保存する際の文書、フォーマット、統計資料などと保存文書の保管の方法については、標準化が完了あるいは進行している。現在まで、記録管理分野において3件、文書保存分野においては14件の分野内標準が研究され、まとめられた。これを基に、文書保存業務におけるいくつかの国の標準と分野内標準が出された。文書保存業務における標準化の主な内容は、文書保存において使われる専門用語、概念；専用文書館の設計技術基準；保存資料の保管設備についての基準や資料保存業務についての基準などの標準化である。

また、現場からの要求によって、各省庁、部署、中央と地方の機関は、それぞれの機関や組織が直面する急を要する問題の研究を主体的に行ってきた。それは、教育訓練省所属機関の各部署における文書保存業務の強化方法の提案、石油・ガス業界の保存資料を統一的に集中管理するモデルの構築、省人民委員会のアーカイブズに保存された文書の保管年限表の作成、警察業務情報の保存と処理などである。

2009年、新しい業務、すなわち「国の各機関におけるデジタル情報の保存」が新たに課されてから、国家記録管理・文書保存局はデジタル情報保存に関する研究に着手した。そのテーマは、「電子書類、電子資料の管理の規則とその方法の構築」、「デジタル保存資料に使われる記述データの作成、利用と保存におけるデータの基準の研究」、「デジタル資料保管の理論的基礎研究」などである。

以上のような諸テーマの研究成果により、この50年間、国家記録管理・文書保存局による保存資料の国家管理の効率を上げることができたのである。

7.1.2. 党の文書保存機関における研究業務

ベトナム共産党の文書保存機関は、特別な事情と性格のため、一般的な研究成果を参考にして応用することに加えて、独自に研究活動を行う必要があった。

1995年の全国党記録管理・文書保存会議（1995年11月）は、党の文書保存活動における大きな限界を指摘した。それは、研究と科学技術の成果の

応用、特にIT技術の文書保存活動への応用が不十分であるということであった。このため、党中央書記局は、重要で差し迫った任務は研究成果と先進技術を応用することであり、特に記録管理・文書保存業務における情報管理、検索、処理にIT技術を早急に導入しなければならないと発表した。

1997年、決定第20-QĐ/TW号の実行10年を総括する会議において、党中央委員会事務局は、2000年までの党文書保存業務の中で重点的に取り組むべき業務を示した。それは「研究および業務についての教育・研修業務を促進すること。中央から地方までの保存資料管理へのIT技術の導入の推進についての具体的計画を立てること。記録管理・文書保存業務の設備を現代化すること。」[2]である。そのような方針が掲げられてから、ベトナム共産党中央委員会事務局文書館は、研究により関心を向けるようになった。

党中央委員会事務局文書館は、その位置付けが党の全ての機関と全国の政治的、政治‐社会的組織の記録管理・文書保存についての専門的業務を計画、指導する機関であることから、研究活動に特に関心を向け、推進してきた。公文書、記録管理、文書保存やIT技術の応用などの各分野で何十というテーマが研究され、その研究成果が残されてきた。その中でも、党の文書保存業務の実践において研究、応用されたいくつかの研究について以下のように挙げることができる。それは、「概念スキーマ定義言語（CSDL）システムの研究、設計およびベトナム共産党文書保存機関の資料の管理、活用のためのソフト開発研究」、「党文書システムの標準化についての研究」、「中央から地方までのベトナム共産党文書保存機関の資料の分類枠組み構築の研究」、「ベトナム共産党文書保存機関資料のソースと内容の確定に関する研究」「保存資料の機密指定解除」、「党中央文書館情報資料課からの部の設立」、「党の電子資料管理」、「各党組織の資料管理期限表の作成」、「中央事務局の各機関、各中央委員会、中央の社会政治組織の書類目録の作成」などである。

党の文書保存分野における研究活動には独自の特徴と困難が伴ったが、党

---

[2] 中央事務局『決定第20-QĐ/TW号の実行10年間の総括報告』23ページ。

第7章 文書保存分野における研究と応用ならびに国際協力

中央委員会事務局は、文書保存業務におけるIT技術の研究と応用、保存資料のデジタル化、そして特にベトナムの文書保存の複雑な問題の一つである保存文書の機密指定解除についての基礎的研究において常に先頭に立つ機関であり続けてきた[3]。

研究の成果を基にして、各党機関において多くの文書保存業務に対する指導文書が公布された。それは、資料の分類と価値の判定、資料の整理、廃棄の手順、党委員会の文書館における資料の利用と活用についての規定などについて指導する文書である。

各文書保存機関の理論的研究の多大な貢献のおかげで、それを基に各関係機関は党と政府の文書保存業務に対する指導・管理文書を起草、公布できるといえる。

7.1.3. 文書保存教育施設における研究活動

専門学校と大学は、教育と研究が二つの基本的任務である。研究は教育のためになされ、一方で、教育は研究活動を促進する役割がある。

教育活動に対する研究の重要性を理解していたため、過去、ベトナムにおける文書保存分野の教育施設の教員は、雑誌上に何百もの論文を書き、何十もの研究テーマを主導し、あるいはそれに参加し、何百もの修士、博士、卒業論文を指導し、文書保存学に関連のある何十もの教則本、教材を編纂してきた。

大学における研究成果は発表され、それらはアーカイブズ学の基本的で主要な問題に言及している。それはすなわち、保存資料の性質、特徴および価値、アーカイブズで保管するための資料選択の基準、保存資料の価値の活用方法などである。近年、文書保存学を教育する学校における研究活動は急速に発展してきた。職員、修士課程と博士課程の大学院生が様々な問題に対し

---

[3] 『党中央委員会事務局、その設立と発展の25年（1987-2012）』、2012年、ハノイ、184ページに掲載のヴー・ティ・フン「党中央委員会事務局の理論的研究と教育、人材活用における協力関係」。

て深い研究を行ってきた。その問題とは、文書保存についての政策、民間の保存資料の整理と管理、ベトナムにおける口伝資料と記憶資料の保存、文書保存におけるリスクマネジメント、文書保存におけるマーケティング、所有形式ごとの資料の管理などである。大学は、さまざまなテーマで研究を進めるとともに、頻繁に国内および国際的規模で学会を開いてきた。分野横断的な性格をもったテーマについては、いくつかの学会が討論の場となってきた。またそのような学会はベトナムと世界の学者が出会い交流する場でもあり、同時にそういった場は広がっていく傾向にある。それは例えば、「人文社会科学研究に資する保存資料の価値の活用」（2009年）、「民間保存資料の整理と価値の活用」（2012年）、「ベトナム共和国の文書保存、1954〜1975」（2014年）などの学会である。このような研究成果は、いくつかの基本的な教則本や教材を編纂するために活用されてきた。例えば、『文書保存業務の理論と実践』、『公文書および文書保存学大綱』、『科学技術についての保存資料』などとその他の多くの専著がある。これらは、全国の文書保存分野の教育施設における学生にとって必要で不可欠な参考資料である。

写真：人文社会科学大学（ベトナム国家大学ハノイ校）において開催された学会「民間保存資料の整理と価値の活用」（2012年）に参加した各国とベトナムの代表者（アーカイブズ学事務管理学部所蔵）

7.2. 文書保存分野における研究結果と科学技術の成果の応用

　党と政府の文書保存機関は、研究とならんで科学技術の成果の文書保存業務への応用にも取り組んできた。応用することで研究活動が促進され、また更にその研究の成果を応用することで、文書保存事業の実践が提起する諸問題を解決できるのである。

　＊研究結果の応用

　大部分の研究結果が実践に応用され、国家の記録管理、文書保存と管理に関する政府の管理業務に貢献している。具体的には以下の通りである。

　－多くの法軌範文書を公布する権限を持つ機関の文書編纂と公表に関する研究結果の応用。そのような文書とは、例えば、文書保存法（2011年11月11日国会通過）、2001年の国家文書保存法と文書保存についてのその他の政令や通知、記録管理・文書保存業務についての業務指導や業務実施の文書などである。

　－国家の保存文書の保護と安全な管理、そして価値の活用に関する研究結果の応用。文書保存の技術的設備の更新は、文書保存業務の現代化の過程において最も優先されるべき業務である。科学技術の発展に伴い、文書保存設備も不断に更新されてきた。文書館の本棚、書架、書類を整理する箱、資料を移動する手段と温度や湿度を計る機器類、防火装置などのような通常の設備から、自動防火、防犯警報器、マイクロフィルムの装置、資料を複製および修復するような現代的なハイテク装置まで日々改善されている。加えて、文書保存機関はその他の科学技術の進歩を文書保存業務に応用している。それは、マイクロフィルム技術や保存資料の保管、修復、複製技術などである。党中央委員会事務局文書館、国家アーカイブズセンター、国防省アーカイブズセンターなどいくつかの大規模な文書館では、コンパクトな書架や自動防火防犯警報装置に何千万ドンもの投資を受けている。

　－文書保存の人材育成と文書保存職員への研修、専門性向上における研究成果の応用。

＊記録管理・文書保存におけるIT技術の応用

　全ての機関、単位、企業と組織の発展にとって、情報が資源であり、動力源となった現代において、科学技術、とりわけIT技術の文書保存業務への応用は喫緊の要請である。

　1980年代からベトナム国家文書局は、文書保存業務におけるIT技術の応用の問題を提起してきた。1986年、文書局は「国家保存資料の自動情報システム構築」に関する国レベルの研究を行った。このテーマの研究結果は、その初歩的な部分が、国家アーカイブズセンターにおける保存資料の管理と検索に応用された。以降、文書保存業務におけるIT技術の応用については、国家アーカイブズセンターの保存文書群のデータに基づき、保存資料の管理に資するための研究に投資がされてきた。

　1993年、ベトナム政府は90年代のIT技術の発展に関する議決第49/CP号を公布した。1995年、政府は国家のIT技術に関する方針を出し、その中で、政府管理の情報化プログラムが第一に優先されるべき分野であるとした。潜在的に豊富な情報をもつ文書館は、国のIT技術発展プログラムに参加し、貢献する分野の一つであると定められた。ベトナム国家記録管理・公文書館局は自主的にLAN上で機能する文書保存業務の管理情報システムを構築した。それには、文書保存の国家による管理情報、国家保存資料の管理情報、文書保存職員の管理情報と学術資料、記録管理・文書保存業務の管理情報のモジュールがあった。国家記録管理・公文書館局は、組織内の各単位に指示し、自主的に文書保存業務のための専用ソフトをつくらせた。それ以降、ベトナム国家アーカイブズセンターはIT技術の応用を進め、朱批資料、木版資料と録音資料をCD-ROMに移し、保存資料の利用と保管を迅速で便利なものにした。

　1999年、政府官邸、党中央委員会文書保存局および国家IT技術指導委員会の助けを得て、国家文書保存局は、全ての省と部局（国の行政機関）、全国の地方に対して記録管理・文書保存業務におけるIT技術応用の指導文書を

第7章 文書保存分野における研究と応用ならびに国際協力

公布した。文書保存業務において、IT技術を応用することでデータベースを構築することができ、それによって全てのベトナム国家文書群を管理することができ、その群ごと、テーマごとに管理し、検索することができ、また役所ごと、地方ごと、そして全国規模でインターネットに接続して資料を効率的に利用できるようにした。

　ベトナム共産党第9回全国代表大会（2001年4月）の議決には、保存文書を含む文化遺産の維持、発展および管理を重視すべきであるという方針が明確に示され、喫緊の業務の一つは「図書館、文書保存業務の現代化[4]」の実行であると定められた。これは、確実に一歩一歩進めるべき困難で複雑な任務であるが、同時に我々はこのプロセスを早急に推し進めるために、国際的な協力関係を広げ、科学技術の研究と応用を強化することによって、現代的な要素、つまり先進的科学技術の進歩を有効に利用しなければならない。

　文書保存業務の現代化は、ハイテク設備、業務にあたる人間、組織機構並びにその運用の仕組み、そして文書保存に応用される様々な業務といった各方面において行われなければならない。このため、各官庁、各委員会は、文書保存業務の現代化に対する誤った認識、すなわち、現代化とは現代的な設備の購入を強化し、巨大で費用のかかる建築物をつくることであるという誤った認識を克服してきた。

　IT技術が発展した時代に入り、コンピュータの使用が日に日に普及し、そのことが極めて多くの分野で革命的な変化をもたらした。文書保存分野におけるIT技術応用の可能性もまた極めて広大である。文書保存業務においてIT技術を応用することにより、まずはじめに、ベトナムは統計のデータベースを構築し、国家保存文書群の全てを管理すること、文書群ごとおよびテーマごとの管理、検索、利用するための全国規模のコンピュータネットワークを構築すること、原資料保全のための予備資料群をつくり、コンピュータを通

---

[4] ベトナム共産党『第9回全国代表大会文献』、2001年。国家政治出版社、ハノイ、208ページ。

じて資料を読めるようにし、希少資料を直接手に取って読むことを制限することなどが可能になった。保存資料のデータベース庫を直接管理しているという強みをもつ文書保存機関は、国家と専門機関のデータベースシステム構築に参加し、政府の行政管理活動と党の指導業務に対して積極的に貢献できる絶好の条件をもっているといえる。

中央と地方の各省庁においてもIT技術の文書保存業務における応用が進められ、いくらかの初歩的な成果をもたらした。公安省はDA-03プロジェクトを立ち上げ、実行した。それは61の省と中央直轄市に転用できるソフトを考案し、それをネットに接続してシステムを構築すると同時に、専門業務に資するように書類の保存プログラムをCD-ROM上に構築するものであった。公安省は、コンピュータを使い何万という専門的業務に関する情報を素早く、簡単に、正確に処理できるようにした。国会事務局は、「情報学の国会資料の管理、検索への応用」というテーマを研究し、その応用を進めて、国会の多くの活動に対し積極的に貢献している。

7.3. 文書保存分野における国際協力

7.3.1. 各時代の文書保存分野における国際協力

封建時代は、当時の歴史的環境のため、文書保存における国際協力はほとんどなされていなかった。しかし、長い歴史を通じてベトナムは中国に何千年も侵略され続けてきた。一方で、独立を勝ち取った後も歴代封建王朝は、中国が隣国であるため引き続き特別な外交上の関係を保ってきた。そのため、中国歴代封建王朝がベトナムに影響を与えたことは必然的なことであった。文書保存分野においても、規定を出す、あるいは文書館建設を決定する、または様々な保管方法を試すなどの際に、そしてその中でも歴史編纂に保存資料を使う際には、多かれ少なかれ中国の経験を参考にしてきたのである[5]。

---

[5] 中国は長い歴史をもつ国である。文書保存もずっと早くから歴代の王朝によって取り組まれてきた。中国歴代封建王朝は各王朝の歴史編纂のために公文書、その他の文

第 7 章　文書保存分野における研究と応用ならびに国際協力

　フランス植民地時代になると、ベトナムは植民地となったため、全ての対外関係はフランス植民地政権に依存することとなった。フランスはヨーロッパの先進的文書保存文化をもつ国であったため、この時期の文書保存の方法はフランスとヨーロッパの国々の影響を受けた。また一方で、歴史的環境のため、当時は文書保存における国際協力はほとんど関心を払われなかった。

　1945年以降、文書保存についての国際協力関係は、首相府付属文書保存局（現在の国家記録管理・公文書館局）が設立されてからやっと本格的に進められた。初めの頃、1962年から1975年の頃に、ベトナムは主に社会主義国との間で文書保存についての国際関係をもっていた。この時期は、国際協力関係は次のようなことに限られていた。それは、いくつかの国の専門家をベトナムに招き協力してもらう、職員のチームを旧ソ連、中国、ブルガリアに派遣し、そこで見学、学習、経験させ、資料情報のやり取りなどをさせたり、ベトナム人学生を旧ソ連に留学させる、チェコスロバキアで催された文書保存機関の責任者会議に参加する、などであった。1974年、ベトナムの文書保存機関は正式に社会主義国の文書保存組織の一員となった。自らの義務を果たすため、1984年6月21日から23日に、ベトナムはこの組織の第9回会議をホーチミンで開催した。この会議に参加したのは、ブルガリア、ポーランド、キューバ、ドイツ民主共和国（旧東ドイツ）、ハンガリー、ラオス、モンゴル、旧ソ連、ルーマニア、ベトナムそしてカンボジアの代表団であった。それに加え、ベトナムの文書保存機関は積極的に社会主義国の文書保存組織と協力して、次のようなテーマについて研究してきた。「社会主義国の現代文書保存専門用語辞典」、「インフラ建設資料の価値判断基準」、「科学技術資料に応用するための長期保存資料公開の一般的規則と方法」、「地図資料と映像・写真・録音資料」などである。まだそれほど発展していなかったとはいえ、このような活動からベトナムが世界の文書保存に接触し

書の保存を行ってきた。その方法をベトナム封建王朝も参考にした。

始めていた、ということが分かる[6]。

　20世紀の80年代および90年代から、ベトナムの文書保存はかなり長足な発展をみせた。それは、ベトナムの文書保存が三つの国際組織のメンバーとなったことからも窺える。それは、国際アーカイブズ会議（1986年加入、略称ICA）、国際アーカイブズ会議東南アジア地域支部（1986年加入、略称SARBICA）と国際フランス語圏文書館協会（1991年加入、略称AIAF）である。それ以降、ベトナム文書保存機関は国際文書保存組織が開く国際的な学術会議や学会に参加できるようになった。例えば、4年に一度開かれる国際公文書館大会、SARBICAの執行委員会による毎年の会議や2年に一度の全体会議、AIAF主催の学会（1994年と1998年）などである。この時期、ベトナム文書保存機関はこのような組織の活動に積極的に参加することにより、国際文書保存組織の中での果たすべき役割と地位を徐々に理解していった。

7.3.2. 文書保存に関する多国間国際協力

　上述したように、現在文書保存分野において、ベトナムは以下のような組織において多国間関係を築いている。

　＊国際アーカイブズ会議（ICA）において

　参加したばかりの時期、ベトナム文書保存機関はICAの大会、円卓会議、執行委員会会議に頻繁には参加できなかった。しかし、ICAの文書保存についての印刷物や定期刊行物などを通して、ベトナム文書保存機関は業務についての学術的情報を更新し、ベトナムにおける文書保存業務に、またICAの活動に運用してきた。特に、国の全面的な革新（ドイモイ）の進行に伴い、国家記録管理・公文書館局はより多くのICAの執行委員会の活動や学術会議、学会、様々のプログラム、プロジェクトなどに参加し、それらを通してICAにとってのベトナム文書保存機関の果たすべき役割と地位を理解していった。

---

[6] この部分は、以下の資料を参考にしている。
―『ベトナムアーカイブ史』、前掲書、2010年。
―グエン・ティ・ガー、グエン・ティ・フエ「ベトナムにおける文書保存分野についての国際協力の50年」『ベトナム記録管理・文書保存』8/2012号、32-36ページ。

第7章 文書保存分野における研究と応用ならびに国際協力

　ベトナム文書保存機関によるICAの発展への努力と貢献により、2010年ノルウェーのオスロで開かれた全体会議において、ベトナム国家記録管理・文書保存局局長のヴー・ティ・ミン・フォンが多くのメンバー国の信任と票を得て副会長に当選し、広報と技術向上を担うことになった。ベトナム並びに地域の国々の文書保存史上初めてベトナムの文書保存機関の長がICAの重責を担うことになったのである。これは、ベトナムの文書保存分野のみならず地域の文書保存分野にとっても大変な栄誉であった。

＊国際アーカイブズ会議東南アジア地域支部（SARBICA）において

　地域レベルでは国家記録管理・公文書館局はSARBICAのメンバーである。1986年に加入してから、ベトナム文書保存機関はSARBICAの学術的活動に多大な貢献をしてきた。国家記録管理・公文書館局は、SARBICAの学術会議と学会を三度滞りなく主催、実行した。それは、SARBICA執行委員会会議と1995年のハノイでの学会「資料の価値判定と廃棄」、そして2004年のハノイでの第14回SARBICA全体会議および国際学会「政策と実践：電子資料の価値判定と保管」であった。特に第14回SARBICA全体会議において、ベトナム文書保存機関は、光栄にも2004～2006年のSARBICA支部長に選ばれ、自らの任務をよく果たした。2009年10月、ベトナム文書保存機関は、初めてハノイで第17回執行委員会会議および学会「保存資料の電子化－経験の共有」を滞りなく主催した。

　SARBICAの学術的活動および様々のプログラムやプロジェクトに対する積極的な参加メンバーであるとの評価を常に受けてきたことから、

写真：2009年ハノイにおいて開催された国際アーカイブズ会議東南アジア地域支部（SARBICA）の学会「保存資料の電子化－経験の共有」（国家記録管理・文書保存局所蔵）

ベトナム国家記録管理・公文書館局はSARBICAの各メンバー国と国際文書保存機関からの信頼を得ることができた。そのため去る2012年6月のSARBICA執行委員会会議と全体会議において、ベトナム文書保存機関は再び2012～2014年のSARBICA支部長に選ばれた。

また、これまで多くのベトナム文書保存機関の管理職員、専門員がICA、SARBICAが開催した文書保存業務についての総括会議や学会に参加し、マレーシアやシンガポールにおける文書保存業務と文書館建設についての経験を研究・考察した。

＊国際フランス語圏文書館協会（AIAF）において

1991年からのAIAFの正式なメンバーとして、ベトナム文書保存機関は次のようなAIAFによる多くの活動に参加してきた。それは、学術会議や学会への参加、協会のポータルサイト構築への参加などである。現在、ポータルサイトは多くのフランス語圏の文書保存分野で遠隔からの学習教育ツールとして広く使われており、文書保存職員に対する研修や業務の合理性の向上に役立っている。メンバーとしての責任から去る2011年、ベトナム文書保存機関は第2回フランス語圏国際文書保存週間（SIAF-2）をハノイにおいて滞りなく主催した。その主な二つの活動は、国際学術会議「文書保存職員教育」とベトナム、ラオス、カンボジアのフランス語を使用する文書保存職員に対するポータルサイトの使用指導であった。これには、ベルギー、カナダ、フランス、スイス、セネガル、ハイチ、ベナン、ラオス、カンボジア、ベトナムの代表200人が参加した。

7.3.3. 文書保存分野における各国との二国間関係

ICA、SARBICA、AIAFのメンバーとなってから、日に日にベトナム文書保存機関が地域の、そして世界中の国々の文書保存機関と接触し、交流する機会が増えてきた。それを通じて、ベトナムの文書保存機関は地域の、そして世界の文書保存機関との二国間協力関係を築き、広げてきた。現在、ベトナム国家記録管理・公文書館局は、正式に結ばれた二国間協力関係を10以上

第7章 文書保存分野における研究と応用ならびに国際協力

の地域および世界の国と築いている。それは、ロシア連邦、ドイツ、フランス、アメリカ、日本、中国、韓国、シンガポール、カンボジア、そしてキューバである。

＊ロシア連邦（並びに旧ソ連）の文書保存機関との協力関係

前世紀の70〜80年代、ソ連は発展した文書保存分野をもつ社会主義国で、同時にこの分野においてベトナムに多大な支援をした国でもあった。この時期、ベトナムは何度もソ連と他の社会主義国に人を派遣し、大学や大学院で文書保存について学ばせた。1986年までに、ベトナムは外国で学んだ経験のある、あるいは学んでいる20人近くの実習生と研修生、そして学生がいた。その行先は主にソ連とドイツ民主共和国（旧東ドイツ）であった。さらに、ベトナムは頻繁に旧ソ連、現在のロシア連邦に職員団を派遣して文書保存に関する会議への参加、研究、学習や経験の共有などもさせた。また、多くのベトナム文書保存職員がソ連に派遣されて、保存資料、フィルム、写真、録音資料の修復、複製について教育され実習を受けた。同時にベトナムは、多くのソ連の専門家を招き、文書保存職員に記録管理・文書保存について教授させた。文書保存業務についてのソ連の専門書や教則本がベトナム語に翻訳され、専門分野の理論体系を構築し、強化し、改善することに大きな貢献をし、それによりベトナムの文書保存が初歩的研究の段階から抜け出すことができた。

2001年、ベトナム国家記録管理・公文書館局とロシア連邦文書保存局の間における「文書保存分野における協力協定」の締結によって、ベトナム文書保存分野とロシア連邦の文書保存分野の協力関係が正式に樹立された。それを基に、双方は二国間の文書保存機関の責任者チームや業務職員チームなどの交流を頻繁に行った。ベトナムとロシア連邦の二つの文書保存機関の間の顕著な効果のあった協力活動は、2005年1月にハノイで、そして2005年9月にモスクワで「ベトナムとロシア間の経済と科学技術分野における協力の歴史」と銘打った共同展覧会を開催したこと、そして2008年ハノイで展

覧会「教育分野におけるベトナム―ロシア間協力」を行ったことである。それに加え、両国の文書館は業務に関する資料の交換と職員の教育・研修における協力を強化し、ベトナム側の文書館が職員団を派遣して、ロシアの文書館に保管されているベトナムについての希少な多くの資料を調査、収集するなどしてきたのである。

　＊フランスの文書保存機関との協力関係

　フランス植民地時代のフランス文書保存分野からの直接的な影響に加えて、独立達成後も、ベトナム文書保存機関とフランス文書保存機関との協力関係は、極めて早くから樹立されていた。20世紀の70年代からベトナムは職員をフランスに派遣し、フランスの文書保存機関が行った国際文書保存技術実習クラスに参加した。そして、2009年2月ベトナム国家記録管理・公文書館局とフランス文書保存局は「協力協定」を結んだ。協定の文章に記された内容の実行について、双方は次のような必要な協力を進めていった。それは、保存資料展覧会、学会、ベトナムとフランスの文書保存機関に保管されている保存資料についての情報の交換、職員の教育などにおける協力である。

　フランス共和国との協力関係に基づき、ベトナム文書保存機関は、現在フランスの文書保存機関に保管されているベトナムとインドシナに関する保存資料の収集を集中的に進めた。文書保存分野の内外の多くの職員がフランスへ渡り、ベトナムの歴史に関わりのある貴重な資料を調査し、統計を取った。フランス共和国との協力は、パリ国立文書館、海外文書保存センター（エクサンプロヴァンス）のようなフランスの国立文書館、各州や各県の文書館、各図書館、そしてその他多くの文書保存組織に現在保管されているベトナムの歴史に関わりのある資料を利用・活用し、収集し、これらの資料をベトナムの国家文書群に加えることが目的であった。近年になると、大学と大学院における文書保存に関する教育分野でのフランス共和国とベトナムの協力関係は、より強力に進められてきた。数名の職員と大学の教員がフランスへ派遣されて、研究生として文書保存、歴史分野について学んでいる。現在、人

文社会科学大学は文書保存の専門分野の高等教育のためにエクスマルセイユ大学と協力する計画を立てている。

それに加えて、フランス大使館とフランス極東学院の協力と助力のおかげで、多くの文書保存と保存文書の公開に関する次のような印刷物がベトナム語とフランス語双方で編纂され、出版された。それは、第1、2、3国家アーカイブズセンターに保管されている「保存文書群についての指示書」、「東京義塾の詩文」、「北圻村落の地名と保存資料」などである。

2013年、ベトナムとフランスの外交関係樹立40周年（1973〜2013）記念に際して、ベトナム国家記録管理・公文書館局とフランス軍−国防省所轄軍事博物館は、パリにて保存資料「インドシナ1858-1956：土地と人」展覧会の共同開催を計画した。

＊インドシナの国々（ラオスとカンボジア）との協力関係

ベトナムの文書保存機関とラオス、カンボジアの文書保存機関との関係は、インドシナ三国という特別な関係を基礎として築かれた。ベトナム、ラオス、カンボジアはフランスの植民地であった歴史をもっている。現代になり、3か国は皆アメリカの侵略を受け、アメリカに対する闘争において互いに協力し合った。そのため、この3か国間の文書保存についての協力関係も早くから樹立され、日に日に強化されていったのである。

文書保存分野で3か国間の関係の基礎をつくるため、ベトナム文書保存機関とラオス、カンボジアの文書保存機関は、「記録管理・文書保存分野における協力計画についての覚書」を締結した。毎年、3か国は順番に責任者と専門家のチームを派遣し、業務について意見交換して、ともに発展できるよう助け合っている。ベトナムの文書保存機関は、専門家をラオスとカンボジアに派遣し、資料価値の判定、資料の整理、資料分類の枠組みの構築、記録管理・文書保存におけるIT技術の応用などの業務について友邦のために訓練を実施した。ベトナムの文書保存機関は、頻繁にラオスの国立文書保存機関やカンボジアの文書保存機関に対し記録管理・文書保存についてのガイドラ

インや業務資料、ベトナム記録管理・文書保存雑誌、ベトナム国家記録管理・公文書館局による専門会議や学会の紀要などを送り、ラオスとカンボジアの文書保存職員がベトナム国家記録管理・公文書館局による業務訓練や学会に参加できるようにした。

また覚書に基づき、70年代から80年代にかけてラオスとカンボジアに対する文書保存職員教育が何度も共同で行われた。2000年までに、ベトナムはラオスに対して100人近くの記録管理・文書保存中学の生徒と実習生、そして何十人もの文書保存大学の学生の教育を支援してきた。大学を卒業後、ラオス政府からベトナムに派遣され、大学院で文書保存の専門分野の学習を続けたラオス人学生もいる。2014年までに6人のラオス人学生がベトナムで論文を提出し修士号を得た。ベトナムで教育を受けたラオスの文書保存職員は、ラオスの文書保存業務に多大な貢献をしており、中には現在ラオス民主主義人民共和国の文書保存分野やその他の分野において高い地位に任命されている者もいる。

特に、ベトナム社会主義共和国のラオス民主主義人民共和国に対する無償資金援助の枠内で、ベトナム国家記録管理・公文書館局は、ラオス国立文書保存局がヴィエンチャンにラオス国立文書保存センターを設立するのを援助した。

写真：ベトナムにおいてアーカイブズ学の修士論文が認められたラオスの学生を祝う（アーカイブズ学事務管理学部所蔵）

このセンターは2010年12月に落成し使用が開始されたが、8,000メートル書架分の資料収容能力をもっている。このようにラオス民主主義人民共和国との文書保存分野での協力は、常にベトナム文書保存機関が

第7章 文書保存分野における研究と応用ならびに国際協力

取り組んできたことなのである。

　ここ数年、ベトナムとラオス2か国間の文書保存分野の協力関係は、より全面的な発展の段階に入った。その具体的内容は、両政府間で締結された「経済、文化、科学技術における協力協定」に記されている。現在そして将来において、ラオスとの協力プログラムは、次のような案件に集中していくと思われる。それは、ベトナムがラオス民主主義人民共和国に協力し、ラオスの国立文書保存網構築を援助する、文書保存に関する法規定文書作成、専用文書館建設、国際文書保存組織への参加経験、文書保存職員の大学と大学院での教育と研修などについての意見交換などである。

　文書保存の分野において、党組織、ベトナム共産党中央委員会事務局文書保存局は、ラオス人民革命党中央委員会事務局に協力して、多くの記録管理、文書保存、IT技術の応用などについての業務訓練クラスをベトナムとラオスで開催し、ラオス人民革命党中央委員会事務局による事務管理、記録管理、文書保存についての業務研修クラスにもベトナムが職員を派遣してきた。

　カンボジアとの文書保存についての協力関係は、主にカンプチア人民共和国の成立（1979年1月7日）後に進められた。友邦の支援に向かった党中央員会と政府の専門家チームの中には、常に文書保存の専門家が加わっており、文書保存の管理方法の指導と職員の教育・研修がその任務であった。また20世紀の80年代に、国防省は独自に3組の専門家チームをラオス国防省とカンボジア国防省に派遣し、112人の記録管理・文書保存職員を教育し、1970年から1980年までの書類や資料の科学的分類と整理をラオスに対して、1979年から1983年までの資料についての科学的分類と整理をカンボジアに対して指導し、友好国の軍隊に対し記録管理・文書保存に必要な方法のいくつかを手ほどきした。

　＊キューバの文書保存組織との協力関係

　ベトナムにとって、キューバも特別な関係のある国である。そのため、この特別な関係を維持、発展させるために、この2か国の文書保存機関の間で

「協力文書」が2004年に結ばれた。この協定を実行するためにこの2か国は、保存資料の展覧会、保存資料を紹介する書籍の出版、学会などの多くの重要な協力活動を進めていった。2006年5月にはハノイで、2007年5月にはハバナで保存資料の展覧会「保存資料から見るベトナムとキューバの関係、1960-2005」を共同で開催し、2009年にはその展覧会の印刷物を出版、2008年4月にハノイで学会「祖国建設と防衛事業のための保存資料の価値の利用」、2009年8月にハバナで「新テクノロジー：文書保存のチャンスとチャレンジ」、2010年8月にハノイで「資料遺産の保護と価値利用」、そして2011年6月にはハバナで「保存資料へのアプローチ」を開催した。

＊中国の文書保存組織との協力関係

歴史上、また現在においても中国は文書保存において多くの成果を残し、多くの経験を持つ国の一つである。そのため、20世紀の90年代からベトナムと中国の文書保存機関は協力関係を結んできた。その中でも主な協力活動は、専門家が行き来して文書保存業務に関する経験を共有することであった。2006年3月に、ベトナム国家記録管理・公文書館局と中国国家文書保存総局は「文書保存分野における協力協定」を結んだ。以後、この2か国の文書保存機関の協力関係は、日に日に強固になり、発展し、諸々の協力プログラムがより頻繁に、より適切な形で進められるようになってきた。2007年5月にハノイで、10月に北京で展覧会「ホーチミン主席と中国」を成功させた。また、双方は頻繁に業務についての情報やそれぞれが開催しお互いの職員が参加できるようにした学術会議や学会の情報を交換した。

＊日本との文書保存に関する協力関係

東アジアに属し、かなり発展した文書保存を行っている国の一つとして、日本は文書保存についてベトナムと多くの協力関係をもっている。過去、日本の文書保存機関は、古い保存資料の修繕・複製技術に関する経験を共有することでベトナムを援助してきた。近年、ベトナムは多くの職員団を日本に派遣し、研究、学習を行うと同時に日本の専門家をベトナムに招いて、封建

第 7 章 文書保存分野における研究と応用ならびに国際協力

時代の保存資料（特に阮代の資料）の修繕・複製に応用するため、日本の経験を伝えてもらった。日本の文書保存機関はまた、ベトナムにおいてトヨタ財団、住友財団からの資金援助を得て共同でベトナムの文書保存について紹介する書籍を出版し、保存資料の保管設備を購入する手助けをしてくれた。

写真：ベトナム国家文書保存局職員の日本訪問団
（国家記録管理・文書保存局所蔵）

教育の分野では2012年、学習院大学の人文科学研究科アーカイブズ学専攻は、人文社会科学大学（ベトナム国家大学ハノイ校所属）のアーカイブズ学事務管理学部とミョンジ大学（韓国）と協力し国際学会「人文学分野の文書保存資料の価値の利用と活用」を開催した。それに続き、学習院大学と人文社会科学大学（ベトナム国家大学ハノイ校所属）の学長がアーカイブズ教育についての協力文書に署名した。それに基づき、今後、毎年、職員や学生が交流し意見交換を行うための様々な活動が行われたり、また学生や学習者、研究者を交換して学習、研究させると同時に、協力して共同のテーマを研究したり、学会を共同開催したり、新しい研究についての情報を共有したりしていく予定である。

写真：2015年11月、学習院大学において開催された学会「東アジアから見た阮朝アーカイブズ」に参加した人文社会科学大学（ベトナム国家大学ハノイ校）アーカイブズ学事務管理学部の教員たち（アーカイブズ学事務管理学部所蔵）

写真：2015年11月、日本の国立公文書を訪れ、見学したベトナム国家大学ハノイ校と学習院大学の教授たち（アーカイブズ学事務管理学部所蔵）

第7章 文書保存分野における研究と応用ならびに国際協力

＊アメリカの文書保存機関との協力関係

　これまでベトナムとアメリカの文書保存分野における協力関係は、少しずつ構築され発展してきた。2005年から現在までアメリカ国立公文書館は、ベトナム国家記録管理・公文書館局の職員団が業務についての意見交換と業務調査のために訪問することを可能にし、彼らを迎えてきた。それに加えて、ベトナム文書保存機関は、テキサス工科大学ベトナムセンターとの協力関係を構築した。2007年、双方は「協力協定」を結び、次のような重要な協力活動を進めていった。それは、ベトナムセンターが専門家をベトナムに派遣して、保存文書のデジタル化について職員を訓練したり、2009年にベトナム国家記録管理・公文書館局が開催した国際学会「保存資料のデジタル化：経験の共有」に参加し報告を行った、などであった。また同時に、ベトナム文書保存機関が職員団を派遣し、意見交換を行ったり、現在ベトナムセンターに保管されているベトナムに関連のある保存資料の状態の調査を行ったりした。

　その他に、国際的な協力活動の一環として、ベトナム国内におけるユネスコ「世界記憶遺産」の常任運営委員として、ベトナム国家記録管理・文書保存局は、ベトナムユネスコ国内委員会と緊密に協力してユネスコの世界記憶遺産に対する社会の認識を高め、ユネスコへ認定申請する提出書類の作成と整理の指導および諮問などのための多くの活動を実行してきた。これまでの結果として、ベトナムは四つの世界記憶遺産を所有することとなった。それは、

　―国家記録管理・公文書館局―内務省が管理し、ユネスコが2009年に世界記憶遺産と公認した「阮朝木版」。

　―文廟―国子監科学文化活動センターが管理し、ユネスコが2010年にユネスコアジア―太平洋地域記憶遺産に認められ、2011年世界記憶遺産に認められた「文廟―国子監の黎朝と莫朝の進士題名碑」。

　―バックザン省の文化・スポーツ・観光局が管理し、2012年にユネスコ

アジア-太平洋地域記憶遺産に認められた「栄厳寺仏典木版(ヴィンギエム)」。

－もっとも新しいものとしては、」ハノイにある国家第1アーカイブズセンターが管理し、2014年ユネスコに世界記憶遺産として認められたばかりの「阮朝碟本」。

国際文書保存機関へ加入していったこの50年間を振り返ると、ベトナム文書保存機関の国際協力活動は広さと深さの両面で不断に発展してきたといえる。ベトナム文書保存分野が革新を行ってきたこの間の国際協力関係を強化し広げる活動は、特筆すべき進歩を見せた。文書保存についての科学技術を吸収し、経験の学習と交換、共同の教育を目的とした協力関係は、党とベトナム政府の新しい時代の政策に合致していた。協力活動の内容、形式、規模は拡大し、日々ますます効果が上がっている。ベトナム文書保存機関は、国際的な文書保存組織において信頼と威信を日々高め、国際舞台でのベトナム文書保存機関の役割と地位を高めてきた。今後も、ベトナム文書保存機関は、築いてきた国際文書保存機関と組織との協力関係を引き続き維持、活用し、同時に広く言えば世界の文書保存の、個別的に言えばベトナム文書保存業務の発展のために新しい展開を模索し続けていく。

第8章　ベトナム文書保存のゆくえ

8.1. ベトナム文書保存の発展のゆくえに影響を与える要素

　ベトナム文書保存分野の形成と発展の歴史を振り返ると、誇るべき成果を残してきたが、同時に限界もあった。ベトナムの文書保存の発展は、その各段階において常に次のような多くの要素の影響を受けてきた。それは、文書保存の重要性についての国の認識、国家管理、社会管理活動からの要請と要求、科学や技術の発展度合いなどである。

　現在、そして近い将来、国の全体的な発展に伴い、新しい要請と機会や課題を前にして、ベトナム文書保存機関は全面的でより深い革新が求められるであろう。それを成し遂げようとするとき、ベトナム文書保存の発展に影響を与える要素を見極めるのは必要なことである。

8.1.1. 保存資料および文書保存活動の位置付けと役割についての社会的認識

　歴史の流れに従ってみていくと、早くも封建時代から歴代皇帝と歴代の王朝は、社会管理、国家管理、そして特に歴史研究と年代記編纂のために資料と文書の保存が必要であることを認識していた。政権を獲得した後、ベトナム政府（現代の）は引き続き国家の財産として、そして同時に遺産としての保存資料の価値を認めていた。そのため、歴代の政府は資料を保存し、保管し、保護し、その価値を利用するための多くの方策をとってきた。しかしながら、総体的にみると、現在に至るまでベトナムにおける保存資料と文書保存活動の役割を理解していたのは、主に研究者と資料保存の責任者だけに限られており、未だに大部分の専門員や職員そして国民に広く理解されていない。そのため、政府は規制や規定の公布に努めたが、文書や書類、その他の重要な資料の保存についてまだ専門員や職員そして国民が自発的に行うまでには至っていない。このことは、業務を終えた後、多くの専門員や職員には資料のデータを作成するという意識がまだなく、あるいは仮にあったとして

も、作成されたものが必要を満たしていないということからも分かる。各機関が資料のデータ作成をしないために、資料を収集・保存できない、あるいは収集しても文書保存職員が資料の整理に多くの時間を費やし、結果として作成するデータの質が低く（内容が足りなかったり、十分でなかったりする）なり時間と労力の浪費となる。国民の文書保存に対する意識は、まだ個々人に任されているところがあり、専門家からの指導などはなされていない。このため、民事的な手続きための証明をする必要が出てきたとき、それに応えられない人が多く、それが社会管理に対して障害を引き起こしている。

　保存資料の価値とその保存の必要性に対する各機関、組織の責任者の意識、専門員、職員、国民の意識が現在、そして将来のベトナム文書保存分野の発展に影響する第一の要素の一つであるといえる。正しい認識があれば、政府と各機関は文書保存について関心を払い、意識し、効果的な方策を行なうようになる。逆に正しい認識がない、あるいは認識がまだ不十分である場合は、各機関とその専門員と職員自身がただ仕方なく行うだけで、積極的に文書保存業務に従事しようとしない。従って、文書保存に対する社会一般の認識を高めることは、ベトナムの文書保存分野の最初に取り組むべき任務の一つである。

8.1.2. 統合と発展の時代における科学技術の発展並びに情報の必要性

　現在まで、世界は二度の技術革命を経験した。第1次技術革命は初め18世紀の終わりの30年間にイギリスで起こり、20世紀の前半の50年間で完成した。それは、主に機械化と機械の使用による手作業の代替であった。第2次技術革命はまた現代科学技術革命とも呼ばれ、20世紀の50年代に訪れ、世界中の経済、政治、社会生活の多くの分野において多大な変化をもたらした。この技術革命は多くの分野に及んでいるが、その中でも電子工学と情報学は特別の関心を集め、急速に発展している。

　現在、IT技術の急速な発展によって、情報の生成、伝達、利用は極めて容易になってきた。特にインターネットは全ての人がもっとも関心を寄せ、使

用している。それは、データの管理とデジタル化に関するソフトウェアの優秀な性能によって情報をやり取りしたり、検索したり閲覧したりという多用途性によるものである。インターネットによって、巨大で多くの潜在的可能性をもつ情報ネットワークが形成され、日々急速に発展している。今日、コンピュータもなく、インターネットにも接続せず、電子メールでやり取りせずに活動しているいかなる機関なり、役所なり、企業なりを想像することは難しい。IT技術は社会生活の全ての領域に浸透し、もはや何者もその発展を妨げることはできない。電子情報は、管理活動の役に立ち、社会生活の全ての要求に応える貴重な資源となっている。

　現在のベトナムにおいて、統合のプロセスが急速に進行していることから、電子政府の構築と国民に関連のある情報を公開して明らかにすることは、避けれらない要請となっている。特に、国家管理、研究、生産と経営への投資の決定、文化・社会の発展、伝統教育のための情報の共有に対する要請は、現在ますます大きくなっている。

　そのような状況にあって、「特別な価値を有する情報源である保存資料の公開に対する管理職、研究者、国民からの要請は、絶えず大きくなっている。」そのため、インターネットと他の電子通信システムによって情報を公開する計画と並行して保存資料の選定と長期の保管、そして効果的な活用における先進技術の応用がベトナム文書保存分野の喫緊の課題となっている。

　現代の科学技術革命は国家の発展において極めて大きく画期的な変化をもたらし、また同時に社会生活の全ての面に影響を与えている。文書保存もその中の一つである。これは発展途上国であり世界に参入していこうとしているベトナムという国の文書保存にとって、チャンスであると同時に課題でもある。

8.1.3. グローバル化時代の国際協力関係

　現在、グローバル化と地域統合が急速に進む中で、各国はもはや孤立したオアシスではなく、政治・経済から文化・教育にわたる広く深い結びつきと

協力関係を通してますます緊密につながり合っている。グローバル化の時代にあって、各国は相互発展と協力関係のために、相手国の持つ、あるいは相手国についての情報の公開を求めるようになってきた。従って、保存資料をはじめとする情報資源の公開は、各国の要請であると同時に義務でもある。国際社会の一員として、ベトナムもこの一般的な流れの外にいることはできない。現在、アメリカ、イギリス、フランス、ドイツなどのように先進的な文書保存を行っている国々においては、世界中の資料利用の要請に応えるための資料のデジタル化と(許される範囲での)インターネット上での公開が急速に進められている。一方でこれはベトナムをはじめとする多くの国でまだ実行されていない。この違いは、保存資料を機密情報であるとみなす考え方からきており、そのために国内の一定の対象(国あるいは組織)の利用要請にしか応えていないのである。しかし、グローバル化の流れの中で、このような「情報の独占」状態は積極的な方向へ変化しつつある。現在、そして近い将来、国境のない利用請求によって、ベトナムをはじめとする国々は情報資源の共有と利用において急激な変化を迫られるだろう。この変化への要求は、すなわちベトナム政府と各機関、組織の責任者が保存資料の利用と活用を進めるための資料の周知・紹介において新しい政策と方策を出し、実行することを促すものに他ならない。

8.2. ベトナム文書保存分野発展への要求とそのゆくえ

8.2.1. ベトナム文書保存分野の発展の方向づけ

発展への要求を認識した上で、2012年6月27日、国家記録管理・公文書館設立50周年にあたり、内務大臣は、「2030年までを視野に入れた2020年までの記録管理・文書保存の計画」を検討する決定第579/QĐ-BNV号を公布した。この文書の中で、将来の文書保存分野の発展を以下のように方向づけた。

a/ 共通理解

－文書保存分野は引き続き国家管理活動と社会的要求に応えるため、情報

の管理と供給の業務を行う。それは祖国の建設と防衛に貢献できるように、保存資料を安全に保護・保管し、その価値を活用することである。
―文書保存分野の発展計画は、2011～2020年期ベトナム経済・社会発展戦略と歩調を合わせ、また国際協力と国際協調の要求に沿うようにしなければならない。
b/ 共通目標
―国の堅実な発展に対する記録管理・文書保存分野の役割についての認識を高める。
―現代化に向かって、ベトナムの経済・社会状況に沿う形で科学技術を記録管理・文書保存分野に応用する。
―記録管理・文書保存分野の発展のための物理的条件を担保する。
―国際協力を推進する。
―業務の公開を推進する。
8.2.2. 具体的目標と方策
＊第1：国の堅実な発展にとって、保存文書と記録管理・文書保存分野がいかなる役割を果たすかというとについての社会全体の認識を改善し、高めること。

既に分析したように、記録管理・文書保存業務を発展させるためには、認識を改めることが先決である。将来、社会の認識を高めるために、担当機関は次のような具体的方策を実行する。
―祖国の建設と防衛、国家主権の防衛における保存資料の価値に対する認識を高めるため、国民に対する宣伝活動を強化する。正しい認識をもてば、人民、専門員、職員は資料の維持・保護に高い意識をもつようになる。
―重要な資料を意識的、自発的に選別・保存することについて、個人や家族あるいは宗族に積極的に伝え、指導する。彼らが国にとって特別な意義をもつ資料を国に寄贈あるいは譲渡するよう働きかける。
―記録管理・文書保存活動の内容を各専門学校と各レベル、各分野の教育・

研修施設のプログラムの中に組み込む。

＊第2：記録管理・文書保存業務を管理するための法律軌範文書と専門業務マニュアルを改善して、国の改革と国際協調の要求に応える。

第3章で述べたように、ほんの半世紀ほどでベトナムは比較的整った法律文書群を公布し（その中でも特に2011年の文書保存法の公布を指摘しておきたい）文書保存事業の構築と発展に必要な法規的基礎をつくり出してきた。しかし、その法律文書体系はまだ不十分であり、時代遅れな部分があるため、改善を続けなければならない。

記録管理・文書保存分野の計画によると、今から2030年まで担当機関と政府は、法とその他の政令や通知といった多くの形の法律文書を起草し公布する。将来、公布される予定の法律文書の内容は、次のような事項の規定と調整に集中している。

－組織体系と職員に対する業務規準、制度を改善する。

過去、文書保存分野の組織系統は、何度も調整されながらも未だに至らない点が多く、統一されていない（特に地方において）。現在、記録管理・文書保存についての国家による管理を担う最高機関である国家記録管理・公文書館局の地位を総局に格上げし、この分野の重要性に見合うようにしてもいいのではないかという意見がある。また、省レベルでは記録管理・公文書館支局はいくつかの分野のモデルに従って記録管理・公文書館局にしてもいいのではないかという意見もある[1]。

職員について、何年も前から規定されてはいたが、状況の変化のため、古い諸規準は見直し、修正、補てんする必要がでてきた。2020～2030年までの計画によると、各担当機関は次のような基準を規定、統一するための文書を公布する予定である。それは、学習、専門性、業務、職業倫理のレベル、

---

[1] 「2030年までを視野に入れた2020年までの記録管理・文書保存の計画」の中の提言より。

そして記録管理・文書保存分野に対する待遇制度などの基準である[2]。この方針を実現するため、2014年10月31日、内務省は通知第13/2014号と14/2014号を公布し、役職、部門コード、各部門の職員の業務規準を規定した。これは各機関が人材を選抜、活用する際に依拠すべき基盤であり、職員の質向上に貢献するものである。それに加えて、内務省と教育訓練省は共同の通知を公布し、中学、高校から大学、大学院までの各レベルにおける文書保存分野の「教育プログラムの枠組み」を規定した。文書保存業務についての短期教育・研修プログラムもまた統一される予定である。

―電子保存資料の管理

将来、これはベトナム文書保存の中心的問題の一つとなる。そのため、多くの法律文書を出して整えていく必要がある。まず、各担当機関は、電子資料の処理についての法律軌範文書を改善し[3]、それらの保存業務の基礎をつくる必要がある。計画によると今後数年間、法律文書の内容は電子資料の分類と信頼性の判定、管理について各機関・組織を指導することに集中するだろう[4]。

―貴重・希少資料の収集と世界遺産としての保存資料の保護と価値利用

調査結果によると、現在、多くの貴重・希少資料が民間で保存されている。これらは個人・家族・宗族の所有に属しているが、国家的な意義を有し、歴史上の事件あるいは人物についての真実を伝えるものである。また、その他に、戦争や天災によって多くの機関・組織の価値ある資料が散り散りになり、現在民間で保管、所有されている。それらの資料をベトナム国家の保存資料

---

[2] 既に引用した「公布された法律軌範文書目録」（内務大臣の2012年6月27日付け決定579QĐ-BNV号付録）も重ねて参照のこと。

[3] 既に引用した「公布された法律軌範文書目録」（内務大臣の2012年6月27日付け決定579QĐ-BNV号付録）も重ねて参照のこと。

[4] 既に引用した全国大学国語国文学会 znkk-info@npo-ochanomizu.org 「公布された法律軌範文書目録」（内務大臣の2012年6月27日付け決定579QĐ-BNV号付録）も重ねて参照のこと。

群の一部に加え、その内容を充実させるために、この数年間、政府が方針を立て、各文書保存機関は積極的に貴重資料の収集を行ってきた。しかし、この活動が効果を挙げるには、各担当機関が文書を公布して法的基礎をつくり、起り得る問題を調整していく必要がある。計画では、将来、貴重・希少資料と特に貴重・希少な資料という基準を設けたり、国家アーカイブズにそれらを売却、寄贈する制度をつくったり、貴重・希少資料の価値判定をしたりするための通知をいくつか公布することになっている[5]。

　世界記憶遺産事業に参加して以降数年の間に、ベトナムは四つの資料を世界記憶遺産として認められた。そのうち二つは第1と第4国家文書保存局センターで管理されている。将来、ベトナムは特別な価値を有する保存資料を更なる遺産として、データをそろえてユネスコに提出する計画である。遺産として認められれば、各文書保存機関は責任をもって法律文書を公布し、それらの遺産の管理と価値活用について調整しなければならない。そのため、計画では今後数年の間、内務省、情報宣伝省とユネスコ国内委員会は、協力して共同通知を公布し、「世界記憶遺産認定のためのユネスコへの提出書類作成過程をリード」し、また内務省と外務省が共同通知を出して、「国家資料遺産として認められる本、書類、資料の基準を定める」[6]。

　－資料の利用、公開、機密保持、機密指定解除についての規則と制度の規定

　前述したように、グローバル化の環境に適応していくためには、ベトナムは現在国家歴史文書保存館に保存されている保存資料の機密指定を解除し、広報し、紹介し、案内し、提供して、保存資料にアプローチして、利用したい個人や組織に便利な環境をつくる必要がある。この考えを実現するために、各担当機関、具体的には内務省が保存資料の公開、複写、証明の規則と手続

---

[5] 既に引用した「公布された法律軌範文書目録」(内務大臣の2012年6月27日付け決定579QĐ-BNV号付録)も重ねて参照のこと。

[6] 既に引用した「公布された法律軌範文書目録」(内務大臣の2012年6月27日付け決定579QĐ-BNV号付録)も重ねて参照のこと。

第8章　ベトナム文書保存のゆくえ

きについて規定する通知を出し、あるいは保存資料を公開、紹介する印刷物の編纂、出版について指導し、公安省と協力して、保存資料の機密指定解除などについての共同通知を公布する[7]。

　それに加え、内務省はまた、次のような事項について規定する多くの文書を公布する計画を立てている。それは、個人所有の資料、外国企業や外国企業との合弁会社の資料の管理、あるいは文書保存業務の公開、そして個人のプライベートな資料が登録、保護認定される基準と登録、保護手続き、保存資料を複製する際の紙の品質基準などであり、また現在の経済・社会の発展政策に沿ったその他の事項についてである。

＊第3：中央から地方までの記録管理・文書保存の組織機構を改善し、業務が統一的に行える環境を整えること

　計画によると、将来、法律文書の公布とともに、国は記録管理・文書保存分野の組織機構を強化・整理する予定である。それは、全国的に記録管理・文書保存分野についての国家管理を行う環境を整え、国の保存文書を管理し、法律の規定に従って業務を行うためである[8]。具体的には以下の通りである。

―中央の組織機構について

　国家記録管理・公文書館局の現行の組織機構を記録管理・公文書総局という形に強化し、以下のような主要な業務についての実行を担保する。

　＋全国の記録管理・文書保存業務を管理、指導する。

　＋ベトナム国家保存資料群の統一管理を行い、経済・社会発展と国の主権防衛ならびに安全保障、そして保存資料の情報公開を通して人民と社会の要請に応えるための保存資料の安全な保管と価値の利用を目指す。

　＋文書保存活動における特殊な性格をもった業務に参加する組織と個人に対する法的枠組みについて主導し、方向を定め、構築する役割を果たし、国

---

[7] 既に引用した（「公布された法律軌範文書目録」）内務大臣の2012年6月27日付け決定579QĐ-BNV号付録）も重ねて参照のこと。
[8] 既に引用した（「公布された法律軌範文書目録」）内務大臣の2012年6月27日付け決定579QĐ-BNV号付録）も重ねて参照のこと。

の保存文書群の統一性と合法性を担保する。

　＋記録管理・文書保存に関する管理と業務を行うにあたって、国際組織に参加し、そのメンバーとなる。記録管理・文書保存について、国際条約を結び、国際的なプログラム、プロジェクトを実行する。

　－中央省庁において

　省事務局所属記録管理・文書保存室を昇格させ、直属の各機関と各単位における記録管理・文書保存業務の管理を担保する。

　－いくつかの中央省庁には専門業務に関する資料があり、省事務局所属記録管理・公文書室以外にも、その機関の専門業務の資料を保存するセンターを設立する。

　－地方において

　役所に所属する記録管理・公文書支局の組織機構を構築、強化し記録管理・文書保存の管理機能を果たすことを担保する。その組織機構には、支局に所属する保存資料の保管と利用を担う事業単位をおく。

　＊第4：ハイレベルな人材を教育・育成し、国の工業化、現代化、統合の時代にこの分野に課せられる任務を滞りなく実行することを担保する。

　人材について、現在まで、ベトナムは文書保存分野の高い専門性を有し、国の内外で基本をしっかりと教育された職員を多く抱えていると評価されてきた。しかし、これらの人材が国内に均等に配置されている訳ではなく、大多数のハイレベルな人材は、中央の機関で働いており、地方になればなるほど少なくなってくる。そして、職員の仕事環境と待遇制度にはまだ多くの欠点がある。それに加え、多くの原因により、過去のベトナムにおける職員教育は理論に偏っており、実践が少なかった。従って、学校を出た後、実地に臨機応変に工夫しながら適応していくのに時間がかかり、力を発揮できなかった。そのため、「これが、統合の時代にあって自分自身に打ち勝ち、文書保存分野の将来へ向かうために必要な競争に自ら参加することを、元々困難で

あったが、ますます困難にしている原因の一つである」[9]。将来、ベトナムは職員養成を強化し、職員の再教育をしなければならない。教育プログラムは更新・改革され、文書保存分野の専門についての理解だけでなく、事務管理、IT技術、法律についての見識も備えるようにしなければならない。

2020年までの計画では、記録管理・文書保存分野の人員について、次のように予定されている。

　－記録管理・公文書総局の人員

2020年まで：記録管理・公文書総局に必要な人員は1.000人ほどであると予想される。その内訳は、

　＋行政部：100人ほどで、その中の学歴と専門性で考えたときの配分は、修士・博士課程の教育を受けた者が29％、大学卒が54％、専門学校卒3％、高校卒6％、初級技術員（職業訓練を受けた者）8％。

　＋記録管理・公文書業務部：900人ほどで、それぞれの配分は大学院卒14.5％、大学卒50％、専門学校8.5％、高校卒12％、初級技術員（職業訓練を受けた者）15％。

　－各省庁の人員

2020年まで：1.100人ほどで、100％の人員が教育を受けた者。内訳は大学卒が45％、専門学校あるいは高校卒が40％、初級技術員あるいは職業訓練を受けた者が20％。

　－地方の人員

2020年まで：70.000人ほどで、100％が教育を受けた者。内訳は大学卒30％、専門学校あるいは高校卒が40％、初級技術員あるいは職業訓練を受けた者が30％。

この予想によれば、将来のベトナムの記録管理・文書保存分野の人員需要は量的にも質的にも増えるとみられる。これは、記録管理・文書保存分野の

---

[9] グエン・ヴァン・タム教授、博士「ベトナム文書保存のこれから」『ベトナム記録管理・文書保存』2007年第8号、19ページ。

高校、専門学校、大学から大学院までの各教育施設にとってのチャンスでありまた課題でもある[10]。

＊第5：記録管理・文書保存の国家による管理における物理的条件の構築

現代化の方向に記録管理・文書保存分野を発展させようとするとき、物理的条件への投資は重要であり必要なことである。将来、国と各担当機関は新文書館建設と既存の文書館の改築に予算を獲得し配分する予定である。それは、技術的要求に応え、保存資料の安全な保管と価値利用に役立てるためである。この予算は主に次のようなインフラの建設に集中している[11]。

―北部と南部の科学技術資料と映像・音声資料館の建設（2016～2020）
―北部と南部の保存資料の利用サービスを行う建物の建設（2014～2017）

それに加えて、政府は次のような活動に予算を振り分けている。それは、資料（貴重・希少資料を含む）の調査・収集と資料保管、利用の先進技術に基づく方法を確立するための設備とツールの購入、保存資料の修復、予備の複製の作成とデジタル化、保存資料の公開・紹介・説明・展覧、文書保存のノウハウの研究・応用と普及などである。

＊第6：国家保存文書の収集、保護、安全な保管と有効利用のための計画、プロジェクトの企画と実行

過去、文書保存機関は成果の上がったプロジェクトを多く計画、実行してきた。将来、全体計画によると文書保存分野は、引き続き次のような重要な計画、プロジェクトを立て、承認を得て実行していく。

―地簿－漢喃資料の扱いについての計画
―阮朝木版をはじめとする世界遺産の保管と価値の利用についての計画
―国家保存文書の損傷のリスクに対処する第二期計画

---

[10] まだ不十分な統計ではあるが、現在ベトナムは記録管理・文書保存について教育している二つの大学院レベルの施設、四つの学部レベルで教育している公立大学、何十もの高校がある。

[11] 既に引用した「公布された法律軌範文書目録」）内務大臣の2012年6月27日付け決定579QĐ-BNV号付録）も重ねて参照のこと。

第8章　ベトナム文書保存のゆくえ

　―保存資料の原本保全のための複製作成計画
　―ベトナムの、あるいはベトナムについての貴重・希少保存資料の収集についての計画
　―文書保存分野のデータベース研究計画
　―文書保存分野のデータベースの構築・調整・安全管理を通して保存資料利用の利便性を高める計画
　―記録管理・文書保存業務の現代化計画
　―保存資料の原本保全のための複製作成第二期計画
　＊第7：記録管理・文書保存業務現代化の要請に応えるための研究と科学技術、IT技術の応用

　専門の研究者の評価によれば、文書保存分野の設立から50年以上が経ち、研究と科学技術の応用について多くの成果があった（第7章で述べたように）が、しかし基本的制度と規則についての問題と理論的な問題、そして重要な業務についての問題はまだ集中的に研究され解決されてはいない。研究の成果は未だ乏しく歩みが遅い。IT技術の導入は遅く、投資も少ないので成果も芳しくない。ベトナムの文書保存業務の現代化レベルはまだ低いと考えられる。いくつかの大きな文書館が建設されたが、文書館の中の組織と業務ならびに設備はその発展に対して妥当な、時代に合った投資を未だに受けていない。

　このような限界を克服するため、将来、研究と科学技術の応用を推進して、現場からの要求に応え、理論研究とその実践への応用を結合させ、知恵と経費を重要で基本的な問題に集中的に投資していかなければらない。

　当分野の2030年までの計画によれば、研究活動の目的は次のようなことに向けられている。それはつまり、記録管理・文書保存分野の国家による管理の改革プロセスに応用するための実現可能な科学的論拠を与える、文書保存業務の現代化を進め、国家行政の改革と国際協調に役立てる、2020年までに記録管理分野における科学技術が地域の中で先進的なレベルに達するよう

- 199 -

に努力する、などである。この計画の付録として、内務省は研究のプログラムとテーマの目録を出した。それらは主に次のようなものに集中している[12]。

―アーカイブズにおける電子データ管理プロセスの研究と一元化。

―電子政府と文書保存業務に対して提起された諸問題。

―デジタル保存資料の計画実行に関する研究。

―史料の利用と保存資料を通してみるベトナムの領海の島、軍事史、歴史的事件。

―現代的な規則に則った保存資料の利用・活用の形式と解決方法の研究。

―行政資料、視聴覚資料、科学技術資料、電子資料、専門分野の特別な資料（会計資料、土地管理資料、監査資料、医療関係資料など）、個人資料など各種の資料についての業務プロセス（収集、補充、分類、価値判定、保管、利用）の研究、構築と公開。

―資料の伝統的保管技術研究。

―保存資料研究の伝統的ツールと現代的ツールの研究と改善。

各大学のアーカイブズ学の理論と実践の問題は未だ基本的研究の段階である。そこでは、世界のアーカイブズ学との比較を通してベトナムのアーカイブズ学の理論と実践の問題に関して全面的な研究を行う。なぜなら、そこから基本的な学説を再定義し、それを見直し、もはや適合しない点を探し、アーカイブズ学の新しい学説をつくり出せるからである。

科学技術の成果を応用することにおいて、ベトナムの文書保存分野は、まだ引き続きIT技術の応用を推し進める必要がある。この方針を実現するため、2030年までの計画には次のようなこれに関連したいくつかの文言がある。

＋100%の国家機関がイントラネットシステムと電子メールシステムを運営・維持し、内部情報のやりとりと共有が早く便利で効果的になるようにする。また、国家機関の間での文書と資料の正式なやりとりの50%はネット上

---

[12] 既に引用した「研究プログラム、研究テーマ目録」（内務大臣の2012年6月27日付け決定579QĐ-BNV号付録）も重ねて参照のこと。

第8章　ベトナム文書保存のゆくえ

でデジタルで行い、情報の機密保持を担保する。
　＋省と省相当機関、政府所属機関の80％の、そして省（地方行政単位としての：訳者注）と中央直轄市の人民委員会事務局の50％の専門員と職員は業務に電子メールを使う。
　＋省、省相当機関、政府所属機関の80％の、そして省（地方行政単位としての：訳者注）と中央直轄市の人民委員会事務局の50％の部署・事務局が送受信する文書の管理と処理のためのソフトを使用し、ネット上で業務データの作成を行う。これは、業務の管理・実行・解決の効率を上げ、行政を改革し、快適に機関・組織の業務を行うためである。
　＋2030年までに、中央と地方の90％の機関・組織がネット上で業務の処理・解決とデータ・資料の管理プロセスにおける業務データの作成を行うようにする。
　＊第8：記録管理・文書保存についての国際協力の促進
　ここ数年、ベトナムの文書保存機関は国際文書保存界において少しずつであるが積極的に貢献をし、その地位と名声は日に日に認められるようになってきたといえる。しかし、ベトナムの国際協力はまだ広くなく１０か国と協力文書を交わし正式な関係があるだけである。その成果はベトナム文書保存機関の潜在能力に見合ったものではない。ベトナムの国家保存文書群に加える資料の収集、先進国の新しい科学技術の吸収、保存資料についての情報交換などのための関係強化はまだ十分ではない。
　このような限界を克服するため、今後の文書保存の国際協力活動は、教育レベルが高く、現代的、先進的技術をもった国々との協力を推進する方向で強化していくべきである。それは、工業化と現代化そして国際協調の時代において、発展の要求に応える文書保存技術を少しずつ吸収し普及し、世界中の国々に保管されているベトナムに関連のある、あるいはベトナムについての資料収集を可能にするためである。
　国際協力を強化するため、「2011年文書保存法」第40条は文書保存につい

ての国際協力の内容を以下のように具体化している。「文書保存についての国際条約を締結し、それに加入し、実行する。文書保存についての国際組織に加入する。国際協力プログラム・プロジェクトを実行する。外国や国際組織との間で専門家の交流を行ない、職員の教育・研修を行う。国際学術会議、学会、展覧会を開催する。保存資料を収集する。文書保存についての印刷物を編纂、出版する。保存資料の修復・複製をする。文書保存技術の研究とその応用、普及をする。保存資料目録、保存資料の複製、そして文書保存業務資料を交換する。」

　このような方法で、ベトナムの文書保存分野の国際協力関係は、将来必ずさらに多くの成果を挙げるであろう。

　＊第9：国家建設と防衛のための保存資料の価値利用。

　歴史を通じて、保存資料を財産であると同時に民族の遺産であり、国の建設と防衛事業にとって特別の価値を有するものであるとする考え方はずっと書き留められ、認められてきた。保存資料を利用・活用することにより、国家の主権を守り、経済を発展、安定させ、文化を発展させることができる。しかし、新しい時代の要請を前に、文書保存業務に携わる人たちならびに文書保存機関は、達成された成果に対して満足してはいられない。提起された問題は、各文書保存機関が自らの国家に対する、社会に対するそして何より人類に対する義務を明確にし、新しい時代において国の建設と防衛に資するよう保存資料の価値利用の方法を不断に模索し、それを応用していかなければならない。

　しかし、保存資料の価値を活用しようとすれば、まず改革しなければならないのは、この問題に対する考え方である。これまでベトナムの文書保存機関は、どちらかというと資料の安全な保管を重視し、その利用と活用に対してあまり多くの投資をしていなかった。多くの機関では、文書保存業務は主にその機関内部の職員の利用請求に応えるものであり、外部の利用者には広げず、資料利用を希望する者は全て直接当該機関に足を運ぶ必要があるとい

第 8 章 ベトナム文書保存のゆくえ

う考えが未だに存在している。そのため、資料の宣伝・紹介はまだ重視されていない。このような考え方は多かれ少なかれ、文書保存機関と利用者の間に狭くない溝をつくっている。

　保存資料の価値を利用するためには、各文書保存機関がその考えと認識を改める必要がある。保存資料内の機密情報を守るという任務の他に、別の角度から考えたとき各文書保存機関にとって、資料の利用にやってくる人々は顧客であり、文書保存機関はサービスを提供する場所であり、必要ならば逆に文書保存機関の方が読者を探すべきだと考えなければならない。そのようにしようとすれば、各文書保存機関は、読者が資料にアプローチし利用するのに便利なように、最もよい機会と環境を整えるための方法を研究し模索しなければならない。過去、多くのベトナムの文書保存機関（主に国家文書保存局）は、次のような多くの方法を用いて資料利用サービスの方法を現代化してきた。それは、現代的な閲覧ツールの導入、保存資料の周知・紹介の強化などであった。特に近年になって、国家文書保存局は大規模で社会的影響も大きかった多くの展覧会を開いてきた。このことは、これまでの考え方を変え、読者が主体的に保存資料の価値を求めるように促した。

　文化統合とグローバル化の環境にあって、各文書保存機関が扉を閉ざして資料の安全な管理だけに集中していられないのは必然の趨勢である。各文書保存機関は、内部ネットワーク（LAN）と世界中のネットワーク（INTERNET）を通じて、保存資料情報の公開を強化する研究をすべきであるという多くの意見がある。過去、LAN上への資料公開がいくつかのベトナムの機関でなされたが、インターネットへの保存資料の公開にはまだ多くの賛否両方の意見が拮抗している状態である。もしインターネット上に情報が公開されたならば、各文書保存機関が安全な保管と資料内の機密情報保持という使命を全うできないと危惧している人も多い。しかし、インターネット上への情報の公開がすなわち全ての情報がネット上にばら撒かれるというわけではないとする別の意見もある。インターネット上での公開という形を用いるとすれば、

各文書保存機関は資料内の機密情報指定解除の研究を推進しなければならない。別の面では、各文書保存機関は、どの程度の機密度の情報であればネット上に公開できるのかを研究し、その程度を決定しなければならない。当面は、各機関は書類目録のような最も機密度の低い情報を公開できるだろう。当然機密度の高い書類はネット公開に選ばれることはないだろう。次いで機密度が高いのはその書類の中の本文の目録であり、最も機密度が高いのはその文書の中の資料の全文である。それぞれの文書の目録の公開だけでも研究と応用の余地がある。なぜなら、このネット公開という形式は、文書保存機関と利用者との間の溝を埋めるからであり、同時にそれによって、各文書保存機関相互が繋がり、情報の共有もできるからである。今日、人々が家に居ながらにして自分が必要とするモノやサービスがどこで供給されているのかを知っている現状からすれば、インターネットを通して、自分の利用したい保存資料がどの文書館で保管され、利用手続きはどのようであるかを知ることができ、このことはきっと受け入れやすいことだと思われる。

また、それに加えて、国家文書館と各省（地方）や中央直轄市の文書館の間の、またベトナム文書保存機関と世界の国々の文書保存機関との間の連携と情報やデータベースの共有は発展の当然の流れである。重要な問題はこれからどうやってこの連携に向かって準備し、努力していくかということである。保存文書が多くの場所において、利用者のさまざまな目的に従って利用されるとき、その価値は倍加していく。そのためには、文書保存活動をIT技術と結び付け、文書保存業務を公開して、最速かつ最適に利用者へ情報を提供しなければならない。保存文書の閲覧サービスは極めて多様に、あらゆる場所で行われ、中央と地方の間の、各省庁同士の、各地方同士の、そしてベトナムと他の国々との間の密接な繋がりをもっていなくてはならないのである。

当然、閲覧サービスを推進するとはいっても、保存資料の安全の保障と機密情報の保持は、依然として各文書保存機関の重要な任務である。そのため、

機密指定解除の問題は今もこれからもベトナム文書保存分野にとって喫緊の問題である。この作業は極めて複雑であり、科学的な規則と方法が必要となる。また、それを行う人間に対し、専門の広く深い見識と高いレベルが要求される。現在、先進各国における資料の秘密指定解除はかなり進んでいる。そのため、ベトナムはそれを参考にして、自らの具体的な環境に適合するように運用していくことができるのである。機密指定解除は以下のように行う。それは、資料を調査、分類して二つのグループに分ける。一つ目のグループは、機密を（各レベルで）保持するグループ、二つ目はひろく公開するグループである。これを基に、各文書保存機関は、機密指定解除された資料のデジタル化・電子化を行って、それを他国と共有する。

＊第10：文書保存分野における行政手続きの改革

文書保存分野における行政手続き、主には保存資料の利用と活用に関しての手続きの改革は、現在社会の関心を集めている問題である。少なくない研究者が一般的にセンターや文書館を訪れるのをためらう。なぜなら、そこでは資料を研究する際の手続きが煩瑣で厳しく、研究申請が通るまでかなり待たされる上に、一部の職員は仕事に熱心でなく責任感もないからである。保存資料を提供して社会の要請に対して最もよい形で応えることができるように、近年、ベトナムの各文書保存機関は、公開性を高め利用者に対する手続きを簡素化してきた。現在、保存資料に対する期限の規定は広く公開されており、その期限が切れたときの機密資料の機密指定解除の決まりも2011年文書保存法に規定されている。各文書保存機関は、主体的に保存資料を準備し、ネットによる検索まで踏み込んだ検索ツールを揃えて、利用者が待たされることなく素早く、便利にそして正確に資料を検索できるように努めてきた。各文書保存機関は、資料の研究と複写を許可する手続きについて、手数料と保存資料を研究する組織あるいは個人の責任と義務についての規定を改善してきた。それに加えて、このような手続きは、広く周知されて資料を利用しようとする者がそれを理解し、進んで協力するようにしなければならな

い。こういった変化は将来きっと保存資料の利用と活用を促進することに繋がっていくであろう。

　この章を総括すると、全体的な流れに伴い、ベトナムの文書保存も統合と発展のための根本的な革新をしているところである。世界中の国々と同様に、ベトナムは保存資料の特別な価値を常に理解してきたが、しかし、どうすればその価値を活用して社会の要請に応え、国の防衛と発展に貢献し、現代世界の共通の発展に資することができるのであろうか。それは簡単な問いではない。しかし、社会と国が文書保存分野に課した使命により、各文書保存機関はこの厄介な問いに対して答えを出すことを求められている。このことは、文書保存機関の責任であり、そして栄誉でもある。

結論

　ベトナムのアーカイブズの成り立ちと発展の歴史を振り返ってみると、19世紀の初めに政府（具体的には阮朝）が公文書や書類などの資料の保存に取り組み、具体的な対策を実施した。それ以降現在に至るまでベトナムのアーカイブズは、不断に維持・強化されてきた。

　この1世紀以上の間、ベトナムのアーカイブズは全ての面で不断に、そして全面的に発展してきた。それは、資料保存業務の実施と管理について国にアドバイスする機関を設立することから、様々のレベルで資料保存業務に関して専門性を有する人材を育成することにまで及び、また資料保存活動一般についての、またそれぞれの機関や組織における資料保存業務についての規定の公布から、資料保存方法の指導や科学技術の応用にまで及び、さらに国レベル及び地域にとって価値を持つ保存資料の収集・管理から、国家の建設と発展に資するために保存資料の価値を活かす方策を考え出すことにまで及んでいる。

　この間、様々な困難に直面したにもかかわらず、ベトナムのアーカイブズは一定の成果を収めた。下記に特徴的な成果の幾つかを要約する。

　第一に、阮朝の積極的で効果的な政策の結果、当時のベトナム王朝機関の活動と庶民生活の一端を伝える資料は、かなりの量が保存されてきた。その中でも、硃本（皇帝の意見が朱筆で書き込まれた文書）、木版の資料群と地簿（土地台帳）資料は、これによって我々が阮代について理解できる重要な証拠というだけでなく、封建時代のベトナム社会についてさらに理解することができる資料群である。それゆえに、阮朝の硃本と木版はユネスコによって世界記憶遺産に認定されたのである。

　第二に、政治的に激変を経てきたにもかかわらず、アーカイブズに対する政府および人民の深い認識と具体的な行動によって、フランス植民地時代と

ベトナム共和国時代（1945年〜1975年）の保存資料は、国家アーカイブズセンターといくつかの地方のセンターで保存され保管されている。これらは、当時のベトナム社会の状態を伝える重要な資料群であるというだけでなく、資料保存活動に対して高い価値を置いてきた証拠でもある。政治制度は互いに異なろうが、誰がつくったものであろうが、アーカイブズ資料は歴史の証拠であり、未来のために過去を研究するという要請に応えられるように保管され、利用される必要があるということである。

　第三に、その歴史を通じて、ベトナムは常に祖国防衛の戦争を遂行し、自然災害に向き合わなければならなかった国である。そのような環境で、1945年から現在まで、ベトナム国家及び関係機関・団体・組織ならびに人民は、保存資料を保護する数多くの必要な対策を実施してきた。抗仏・抗米戦争時代には洞窟に保管庫を建設し、資料を安全な場所に移した。その後の中国との国境戦争時代には北部から南部に資料を移管した。台風による洪水から資料を守るための移管の努力は、保存資料の保護・保存におけるベトナムの奇跡であり、このことは国に多くの貴重な経験を残すものとなるだろう。

　第四に、経済面ではまだ大きく発展していない国ではあるが、阮朝から現在まで、ベトナムの代々の政府は、文書館の建設に投資して保存資料を収集し保管してきた。現在、ベトナムには国家アーカイブズセンターが4か所あり、省・中央直轄市に直属のアーカイブズセンターが63か所ある。これらのアーカイブズセンターは国及び各省庁・地方にとって特別に重要な意味をもつ資料を保管している。多くの文書保存施設が大規模に建設され、現代的な設備を備えている。それは例えば、国家アーカイブズセンター(第1、第2、第3、第4)、ハノイ市や幾つかの市・省の保管所及び大型経済グループの保管施設などである。

結論

　第五に、半世紀の間は（前世期の60年代から現在まで）、アーカイブズを学習し教育を受ける為に職員を外国に派遣しなければならなかったが、今ではアーカイブズに関して専門性を有する職員の養成は、国内で完全にできるようになったと同時に、この分野においてラオスとカンボジアを支援できるまでになった。現在、アーカイブズ学は専門学校、短大、大学から大学院までの各レベルで専門的に教育される部門になっている。教育の質には限界があるが、人材育成を自身で行うことは、ベトナムのアーカイブズの発展に重要な貢献をしてきた。

　第六に、ここ数年で、ベトナムのアーカイブズ（国家記録管理・公文書館局やアーカイブズ教育を実施しているいくつかの大学）は、アーカイブズの国際機関や諸外国のアーカイブズ関係者との関係を絶間なく拡大している。ベトナムは、国際アーカイブズ会議及びその東南アジア地域支部の積極的な参加会員である。国際関係を拡大したことにより、ベトナムは途上国としての経験を生かすと同時に、アーカイブズ活動において世界及び地域の国々と自分の知識や経験を共有することができるようになった。

　過去の歴史を振り返ると、多くの成果を挙げてきたが、これからも発展し、国際社会へのコミットメントを続けるために、ベトナムのアーカイブズは多くの限界を認識して克服し、国際関係を強化し続ける必要がある。それは特に日本をはじめとする東アジアと東南アジア地域の国々との関係である。

　ここ数年、日本のアーカイブズ機関及び専門家は、経験の共有、資料復元の為の人材育成をはじめとして、アーカイブズ分野でベトナムに対して多くの支援やプロジェクトを行っている。

　現在、経済や文化面を始めとする日越関係は益々発展している。この友好関係を引続き発展させるため、多くの日本人専門家がベトナムを訪れ、保存資料を閲覧し、研究している。また、逆にアーカイブズ研究のために日本へ行くベトナム人専門家も徐々に増えている。両国のアーカイブズ関係機関及

びアーカイブズ教育を行う各大学間の関係は強化されてきている。従って、私達は本書が保存資料、ベトナムのアーカイブズ、そして過去の情報に関心を寄せるすべての人の架け橋となり、そして、本書を通じて、日越関係の深化に貢献できることを心から願う。

　さらに今後、多くの日本人がベトナムのアーカイブズ機関において資料を使って研究するようになることを期待する。

　保存資料は過去の遺産であり、我々は過去を振り返り、そこからすばらしい未来へ向かってともに進んでいかなければならない。

【著者】

Vu Thi Phung（ヴー・ティ・フン）（責任著者）
　ベトナム国家大学ハノイ校付属人文社会科学大学、アーカイブズ学・事務管理学学部
　准教授、元部長、博士、科学及び教育協会会長、

Nguyen Van Ham（グエン・ヴァン・ハム）
　ベトナム国家大学ハノイ校付属人文社会科学大学、アーカイブズ学・事務管理学学部
　非常勤教師　准教授

Nguyen Le Nhung（グエン・レ・ニュン）
　ベトナム国家大学ハノイ校付属人文社会科学大学、アーカイブズ学・事務管理学学部
　非常勤教師、博士

【翻訳者】

伊澤　亮介(Izawa Ryousuke)
　大阪大学大学院言語文化研究科在学中

ヴー・ティ・フン、グエン・ヴァン・ハム ＆ グエン・レ・ニュン著　伊澤　亮介訳

ベトナムアーカイブズの成立と展開：
阮朝期・フランス植民地期・そして1945年から現在まで
(シリーズ：ベトナムを知る)

発行	2016年4月
発行者	酒井　洋昌
発行所	ビスタ　ピー・エス
	〒410-2418
	静岡県伊豆市堀切１００４−２６３
	Tel：0558-72-6809　　Fax：0558-72-6738
	http://www.vistaps.com
	E-mail：customer@vistaps.com

印刷：韓国学術情報㈱　　　　　　　　　取扱：官報販売所

Ⓒ 2015 Vu Thi Phung /Viet Nam　　　　　　　　　無断転載禁止
Printed in Korea　　ISBN978-4-907379-08-7　C3022
落丁・乱丁はお取替えいたします

≪シリーズ：ベトナムを知る≫

ベトナムの都市化とライフスタイルの変遷

チュオン・ミン・ズク＆レ・ヴァン・ディン著
A5 229p 並装丁 2015年5月発行
ISBN978-4-907379-02-05 C3036　　4,630円+税

後発者の利を活用した持続可能な発展：

ベトナムからの視点－ホップ・ステップ・ジャンプ－
著者　グエン・ズク・キエン（NGUYEN DUC KIEN）博士
　　　　チャン・ヴァン（TRAN VAN）博士
　　　　ミヒャエル・フォン・ハウフ（MICHAEL VON HAUFF）博士－教授,
　　　　グエン・ホン・タイ（NGUYEN HONG THAI）博士－准教授
翻訳　チャン・ティ・ホン・キー
A5 126頁　並装丁　2016年3月発行
ISBN978-4-907379-10-0　　C3033　　定価3,700円＋税

刊行予定（すべて仮題　刊行時期未定）

　　ベトナムプレスの社会批評
　　ベトナムの海と島々：領有権をめぐって
　　ファン・ケ：ビン著　ベトナムの風俗習慣
　　ベトナム出版法